博爱领众

博爱领众 德行天下

张觅音

激活团队

张觅音　著

台海出版社

图书在版编目（CIP）数据

激活团队 / 张觅音著 . -- 北京 : 台海出版社 , 2019.1

ISBN 978-7-5168-2208-1

Ⅰ . ①激… Ⅱ . ①张… Ⅲ . ①团队管理 Ⅳ . ① C936

中国版本图书馆 CIP 数据核字 (2019) 第 002843 号

激活团队

著　　者：张觅音

责任编辑：徐　玥　　　　　　　　　　装帧设计：胡椒书装

版式设计：胡　可　　　　　　　　　　责任印制：蔡　旭

出版发行：台海出版社

地　　址：北京市东城区景山东街 20 号　　　邮政编码：100009

电　　话：010-64041652（发行，邮购）

传　　真：010-84045799（总编室）

网　　址：www. taimeng. org. cn/thcbs/default. htm

E-mail：thcbs@126. com

经　　销：全国各地新华书店

印　　刷：北京时捷印刷有限公司

本书如有破损、缺页、装订错误，请与本社联系调换

开　　本：787mm×1092mm　　　　1/16

字　　数：170 千字　　　　　　印　　张：14

版　　次：2019 年 1 月第 1 版　　　印　　次：2019 年 3 月第 1 次印刷

书　　号：ISBN 978-7-5168-2208-1

定　　价：49. 80 元

序言

　　员工激励是企业永恒的话题，更是企业长盛不衰的法宝。

　　每个管理者都希望员工在工作中积极、主动，如果能全心投入、自动自发，把公司的事当作自己的事，就再好不过了。然而事与愿违，很多企业中员工士气低落、人心涣散、抱怨连连、流动频繁，最后导致团队没成绩，企业利润低。管理者们非常痛苦，他们花了很大力气，费了很多心思，想了很多方法，收效却不大。他们百思不得其解：

　　到底哪里出了问题？

　　为什么会造成这样的局面？

　　其实，诺贝尔经济学奖得主罗伯特·奥曼早就说过："公司里一切的悲剧都是因为不适当的激励。对于公司发展而言，激励制度是最关键的因素。"

　　那么，到底如何激励员工才有效？

　　不得不承认，员工激励是最难拿捏的管理艺术。但是，如果管理者充分理解激励的含义，了解激励的因素，掌握激励的方法并正确应用，企业管理的局面将大不一样。

要知道，员工工作不只是为了薪酬，也为了晋升、荣誉、培训，以及情感上的满足。根据马斯洛需求层次理论，对员工的有效激励就在于，通过满足员工各方面的需求，激发员工最高涨的工作热情，让他们积极主动地挖掘自身的最大潜能，从而实现公司效益的最大化。

正如纽约中央铁路公司的前任总经理佛瑞·德瑞克·魏廉生所说的，"一个人、一个公司能否成功的关键在于，其是否富有热情，热情是比工作能力、学习能力甚至是智力更重要的成功要素"。世界上的成功企业，都是靠人奋斗出来的，而员工的热情和活力是企业前进的根本推动力！只有良好地结合企业与员工个人的目标，激发出员工的工作热情和内在潜力，使之愿意奉献自己的智慧、才能、勤劳与责任心，主动去努力、去创造、去革新，企业才能生存、发展、辉煌。

在几十年的管理实践中，通过与各大企业老板、员工接触，我深刻地体会到，员工激励比我们想象中要复杂，多样的激励手段、公司的资源紧缺、个人有限的时间和精力都会影响激励的效果，让管理者感到有心无力。但是，员工激励又比我们想象中要简单——只要管理者了解员工的需求并有针对性地予以应对，员工激励的效果自然而然就显现了！

这正是本书的创作初衷！

我很乐于和大家分享我的经验，从而让更多管理者更高效、更快速地进行员工激励。

本书共分为十一章，以总分结构将最有效的员工激励法娓娓道来。

在第一章中，首先分析了员工激励的重要性。从第二章至第十一章，则分别从物质激励、目标激励、榜样激励、晋升激励、培训激励、授权激励、竞争激励、沟通激励、情感激励、个体激励等十个方面对员工激励进行了全面的分析。

同时，大家在阅读过程中能体会到本书的几大亮点：

1. 生动丰富的案例故事，使本书更加形象直观

我在每一节分享至少一个生动的案例故事，使每节所要表达的内容都在案例故事中有所体现，让管理者对书中内容有更形象、更直观的认识。

2. 清晰明确的分析思路，使理解更加容易

我对每一节的案例故事做了清晰的分析，以明确的思路、流畅的语言、严谨的逻辑将管理者在员工激励中需要注意的要点一一列出。

3. 全面详细的营销内容，使管理者能够融会贯通

本书从员工需要什么、管理者怎么满足这两个角度对员工激励做了详细的介绍，对管理者们在员工激励中可能遇到的问题做出了较为全面的解答。

但管理者也要切记，不能对案例故事中的成功模式进行生搬硬套，要在仔细研读案例分析后，结合自己公司的实际情况，做出合理应用。

　　"己所不欲，勿施于人"，我相信，只要管理者能够仔细研读这本书，一定能够掌握最有效的员工激励方法，学到员工激励必需的智慧。"知道，更要做到，才能得到。"希望企业因为有您的出色管理，而成为人才的聚集地！

目录

第一章

团队没活力，激励不到位

没有激活的团队是什么

你有没有过这样的经历：

当你要使用一张新卡时，突然跳出来一条提示信息："对不起，你的卡没有激活！"

当你在游戏中与人激战正酣，马上就能"收复失地"时，突然弹出来一个信息框："你还没有激活游戏，请输入激活码！"

这时候，你是什么样的感受？

失落？

可惜？

还是生气？

其实不光如此，在团队管理中也存在"没有激活"的情况。

身为企业管理者，你满怀激情，每天像打了鸡血一样，不知疲倦。你事必躬亲，忙得连节假日都没有。可是为什么你还没有成功？

因为你的团队没有被激活！

没有人可以靠单打独斗成功。你只激活了自己，却没有激活他人，没有激活你的团队。

没有激活的团队是什么？

是一潭死水，一群装睡的人，毫无战斗力。他们效率低下，满腹抱怨，推卸责任，得过且过……

作为管理者，你要做的是什么？

唤醒他们，激发他们，让他们自动自发起来。五指并拢紧握成拳时，才最有杀伤力。一个团队也是如此。只有激发起每个团队成员的积极性和主动性，整个团队才能表现出和谐、强大的战斗力，最终获得成功。

畅想公司成立于1995年，是一家专门从事建材设计与工程建造的高科技企业，公司现设有工程部、商务部、人事行政部、财务部、设计部。员工总共125人，其中设计部设在河南。随着公司的发展，公司在人力资源管理方面出现了诸多问题：

第一，总经理与员工缺乏面对面的沟通，公司缺乏例会制度，部门领导与总经理沟通的渠道不畅通。

第二，商务部开拓市场进度十分缓慢，工资却比一般部门员工高，并且工资制度与其他部门诸如人事行政部一样实行的是固定工资制度。另外，同为工程部工程管理的核心人员，工作职责与内容基本一样，但因为招聘地点不一样，工资差距很大。

第三，公司至今没有考核制度，试用考核也流于形式，在人力资源部试图推行考核的时候，部门经理将其仅仅看作惩罚或开除员工的工具。

第四，公司也设立了年度目标与部门目标，但是很少有按目标做事情的，最后都不了了之。

第五，权力过分集中，部门经理的权限非常小，任何决策基本都要总经理最后拍板，严重影响工作人员积极性。

畅想公司为什么出现这些问题？原因就在于该公司没有建立起有效的激励机制。

在沟通方面，公司总经理很少与员工主动沟通，也没有召开部门例会的制度，造成员工与领导之间的隔阂，工作有效协调比较缓慢。从心理学的角度分析，如果总经理与员工能够保持有效沟通，可以提高员工的满足感和对公司的认同感，从而有效地促进领导与部属的良性互动，更好地激活团队。

在薪酬方面，畅想公司没有做到在岗位评估基础上保证竞争性与公平性。首先，商务人员的工资水平远远高于其他部门，在公司内部造成不公平现象。根据一般人力资源管理原则，商务市场人员的工资制度应采用底薪提成制而不是固定工资制，其工资要与其工作绩效直接挂钩，这样才能提高商务市场人员的工作积极性，从而有效地促成其业绩的达成。其次，姑且不论部门与部门之间工资的差异，即使同一部门内部也存在工资极端不平衡，这违背了工资的内部公平性。因此，畅想公司应该改变原有薪酬制度，根据不同部门、不同岗位、不同工作性质设置不同的薪酬制度，保证相对的公平性。岗位薪酬的设定要展开薪酬调查，尽量与社会平均水平保持一致，合理控制公司人力成本。

在考核方面，部门经理对考核的理解与考核的本质相去甚远，公司至今都没有推行绩效考核，员工之间的工作成果没有科学有效的评价工具，干好干坏一个样，员工的积极性肯定会受到严重损害。

在授权方面，部门经理的决策权力与其职位不相称，大事小事都要总经理决策，影响了总经理站在更高的角度去思索公司经营战略。更为致命的是，这严重影响了部门经理的工作热情和积极性。因此公司迫切需要建立有效的权力运行机制，划分好决策权力的范围，在组织结构的框架范围内形成权力的有效运行模式。

"经营之神"松下幸之助说过，"企业最好的资产就是员工"；诺贝尔经济学奖得主罗伯特·奥曼说过，"公司里一切的悲剧都是因为不适当的激励"；钢铁大王安德鲁·卡内基说过，"就算我的企业被烧掉了，但只要员工留下来了，二十年后我还是'钢铁大王'"。

在企业管理中，管理者总是期望用最低的成本换取员工最大的付出。他们希望员工对加班不抱怨，对出差不拒绝，努力追求企业目标，忠于老板，精于业务，勤于客户……

其实，这些都不是难事，前提是你到底有没有激活你的团队！

激活了团队，"企业里最好的资产"将得到最大限度的利用，并为你创造最大价值；没有激活，或者激活不当，你注定得到的只是"悲剧"。

何为"需要层次论激励"

到底该怎么激活团队呢？

许多资金雄厚的财团大佬以为，只要有钱，就没有办不到的事，就没有搞不定的员工。

但是，激励远不只是花钱那么简单！

管理者需要明确，动机激励才是激励的切入点和根本点，激励一个人最为有效的方法就是激发他做事的动机。要设计一个有效的激励机制，前提就是要理解员工的需求。通过满足他们的各种需求，让员工在工作中迸发高涨的热情，更积极主动地挖掘自己的潜能。

那么人到底有哪些需求呢？根据美国心理学家马斯洛的需求层次论，人的需求和欲望是多种多样的，具有全面性和复杂性，归纳起来有五个层次：

第一，生理需要，这是人类最原始、最基本的需要，包括吃、喝、睡、性及其他生理机能的需要。

第二，安全需要，包括工作、身体、老年生活的安全保障，要求生命财产不受损害。

第三，群属需要，也叫社交需要，指希望亲友、同事关系融洽，希望自己归属到某个群体或集团，成为其中一员，有所依靠，得到照顾。

第四，尊重需要，希望自己的个人品格、能力和成就得到别人的尊重和赞赏，得到社会的承认。

第五，自我实现的需要，希望实现自我理想和抱负，最大限度地发挥个人才智，得到全面而自由的发展。

为了更好地理解这个理论，让我们以鱼作比喻，来分析员工的不同需求。

第一种：水沟里的鱼

水沟面积小，水也浅，储水非常有限。除了自然下雨和人工供水外，没有其他供水渠道。因此沟里的水很容易干涸，水质也不好。在这种生存环境下的鱼，最迫切需要的是水。没有水，鱼就会死亡。只有在满足鱼的最基本需求情况下，其他的才有意义。

工厂里的很多一线工人就是属于这种类型的。他们文化程度不高，也没有很高的追求，家庭经济困难。他们愿意做最累、最脏、最不体面的工作，只要有一份不错的收入就行。对于这部分员工，金钱和物质是最需要的。如果不能满足最基本的物质需求，给予他们再多的精神激励也起不到作用。

第二种：水塘里的鱼

水塘比水沟的容量大多了，具有一定的储水能力。但是，水塘里的水是静止的，塘里淤泥多，塘水混浊，甚至腐臭，水质较差。对于这种生存环境下的鱼，水不再是最需要的了，它们最需要的是良好的生存环境。

在员工的基本物质生活得到满足后，良好的工作环境对于他们就变得更加重要了。因此，对这类员工不仅要给予物质激励，还需要给予适当的精神激励。

第三种：小河里的鱼

河水是流动的，朝着既定的目标，一直流向广阔的大海。在这种环境下的鱼，有的徘徊于原来的水域，有的跃跃欲试顺流游向大海。对于河里的鱼，它们最需要的是目标、动力与游向大海的能力。

这一类型的员工已经不再为衣食担忧,他们具有一定的工作经验和技能。这些人中,有些人安于现状,缺乏进步的意愿;有些人很想发展,但又苦于得不到指导。对于前者,最需要的是目标和动力;对于后者,最需要的是指导。他们希望受到别人的尊重和社会的认可。

第四种:大海里的鱼

海阔凭鱼跃,天高任鸟飞。大海具有无限的空间,并且物质条件丰富。但是,由于海里的鱼类和其他生物很多,鱼的生命很容易受到威胁。这种生存环境下的鱼,它们最需要的是锻炼自我生存的能力。

企业中高层管理人员属于这一类型的员工。他们拥有比较丰厚的物质基础,能过上优越的日子,不会为生活发愁。他们需要的是自我实现的舞台,同时又迫切需要驾驭舞台的能力。否则,很快就会败下阵来。

因此,员工的需求多种多样,为了薪酬、晋升、荣誉、培训,以及情感上的满足。作为管理者,对员工最好的激励,就是给他最需要的。满足员工的需求,说起来容易,关键是要做到。

管理者一定要了解员工所处的具体需求层次,运用最适合员工需求层次的方法进行激励。首先,要明白激励的实质性作用所在,并能理论联系实际地熟练掌握马斯洛的需求层次理论,针对不同员工的不同需求进行最适合的激励;其次,认识到激励的本质,从根本上成功地对下属进行激励,找到动力的源泉,进一步了解如何能彻底消除下级的不满;最后,还要掌握一些日常工作中有效激励下属的技巧,避免一些常犯的错误,比如不要用同样的方法激励所有的人,不要始终用同样的方法激励同一个人,不要以为隆重正式的激励最有效,因为每个人都需要及时表扬。

实际上，没有放之四海皆准的最标准、统一的行为指南。但是，了解激励的本质后，管理人员要应时而动，更好地激励员工。

科学的激励机制是激活团队最重要的保障

团队的活力源于科学完善的激励机制。科学的激励机制是激活团队最重要的保障。很多人可以说出各种各样的激励手段，比如薪酬、晋升、学习机会、情感鼓励等。但是无论哪种激励手段，要想真正奏效，不能单靠管理者的个人魅力，必须将激励制度化，建立一套科学、完善的激励机制。而激励机制一旦建立，必须严格执行，不能流于形式，这样才能真正激发团队成员的积极性和主动性，起到激活团队的作用。

那么，科学、完善的激励机制包括哪些内容呢？

首先，绩效考核是对工作绩效的一个认定过程，是实行激励机制的一个重要过程。绩效考核是绩效管理的一个阶段，关键是要做好绩效指标的选择制定和考核过程的公开透明，防止出现指标不具代表性和考核被人为干预的情况，确保绩效考核结果的客观公正，为实施科学的激励机制提供主要依据。

其次，完善各项规章制度，加强内部监督，及时发现个别人员的"不作为"和"乱作为"现象，有理有据地对其进行批评教育，使其及时认识并改正自身错误，从而在企业内部营造良好的氛围。

最后，要构建合理的人才进入和退出机制，进一步促进企业人员的合理流动，保持员工的激情和活力。同时，要加强优秀人才的引进工作，为企业注入新思想、新理念。

实践证明，企业的发展是全体员工共同努力的结果，而员工工作是否自觉自发、是否努力，在很大程度上取决于企业人力资源管理体系中的激励机制是否健全、激励手段是否有效。科学完善的激励机制对于调动员工积极性、发掘员工潜能、提高员工业绩具有非常重要的作用。

下面我们来看看一些成功企业究竟是怎么做的。

在双鹿空调有限公司，每个员工都可以根据个人的职业规划与专业技能选择行政升迁或专业发展。从2000年开始，双鹿就开始为完善其行政发展制度而努力。随后，双鹿又建立了专业发展机制，通过一套自有的技术职称体系，对每个专业员工进行评级。

随着公司的不断发展壮大，双鹿设定的技术职称已经不再局限于研发、工程、技术支持几个方面，渠道销售、客户经理、产品采购、财务管理等都逐渐被纳入其职称评定范围内。正是这样细致的专业发展体制，每个员工都可以在双鹿选择适合自己的发展之路。而双鹿也会有针对性地对其进行培训，以帮助员工快速提高专业技能。

为了让员工得到更大的发展空间，双鹿还引入了轮岗制度，让员工在多个岗位的工作中，切实地认识到自己的职业才能，选择最佳的途径发挥自己的专业技术。

双鹿这种完善的晋升机制，使得企业出现职位空缺时，会优先考虑内部员工，而不是到人才市场上去招聘外部人才。相对于任用外部人才，企业首先能够节省相当多的初期培训成本，更为重要的是，员工在这一调动晋升中也能够感受到企业对自己的认可，从而更具工作热情。

三星历任管理者都十分重视为员工提供学习的机会。在三星内部，管理者严格执行着一套系统的员工培训机制。

每个员工进入三星后，都要经过一个为期28天的培训。在培训中，不合格的员工不能上岗；每个员工每年都要接受年度培训，培训时间通常不少于两周，其目的在于让员工了解市场情况、学习新知识；国外分公司的新员工也不例外，他们同样需要被送到三星总部接受培训。

三星每年还会安排400名优秀员工出国学习，这些员工通常工作经历久、工作能力优、岗位级别较低，他们出国学习的主要内容是当地的语言、文化、风情，从而为三星海外市场的开发奠定基础。

针对不同的员工，三星所采取的培训模式也有所不同。对于新员工，三星主要是对其进行理论性指导，让其对自己所做的工作、所服务的公司有一个宏观上的认识。对于老员工，三星则会根据其所处岗位开展具体的培训，比如对管理人员的质量管理培训、对营销人员的谈判技巧培训、对生产人员的生产工艺培训。对于国外公司的员工，三星则会提供更加具有针对性的培训。

公司为员工提供了足够的学习机会，可以帮助员工有效提升工作绩效。但有一点是毋庸置疑的，不论是何种形式的员工培训，都能让员工感受到公司的热情和重视，这必然会极大提升员工的工作积极性。

我们知道，作为一个自然人，每个员工追逐的都是自身利益的增加。由于公司资源是有限的，员工与员工之间、员工与管理者之间、员工与公司之间都存在着各种利益冲突。管理者需要耗费大量资源来协调这种冲突，而各种激励手段对每个员工的效果都不一样。员工的工作效率也会在这种不良竞争中大打折扣。管理者必须在公司内部制定一套严谨的激励机制，对每个员工进行约束和保护，从而实现激励效果的最大化。

众多管理学者的研究都表明，员工的个人行为是通过机制来形成的。首先，我们必须明确，从一个较长的时期来看，机制是员工与公司间博弈的结果。

而从短期来看，机制对员工的行为具有绝对的影响。因此，一套科学、完善的激励机制对于员工而言至关重要。

没有一种激励机制对所有员工有效，也没有一套激励机制适用于所有公司。激励机制的制定必须适应公司的发展，并最大限度地激发员工的热情，这样才能实现公司内部协调下的可持续发展。

建立多跑道、多层次的激励机制

在管理实践中，如何对企业中的个人实施有效的激励，首先是以对人的认识为基础的。要想激励员工，必须了解其动机或需求。管理者首先要明确两点：一是没有相同的员工；二是在不同的阶段，员工有不同的需求。例如，年轻员工比较重视自主权及创新的工作环境，中年员工比较重视工作与生活的平衡及事业发展的机会，年龄较大的员工更重视工作的稳定性。相对而言，女性员工对报酬更为看重，而男性员工则更注重企业和自身的发展。

不同的员工有不同的需求，一个特定的员工在不同的时期、环境也是有不同需求的。这些需求主要是受自身的愿望变化、自身工作与生活环境的变化、社会的变迁、家庭的直接或间接需求等因素影响的。由于影响员工需求的因素很多，它们既可以独立变化，又可能交叉影响，因此，我们一定要抓住员工的主导需求，才能进行有效的激励。

因此，在制定激励机制时，一定要考虑到企业的特点和员工的个体差异，这样才能收到最大的激励效力。这个时候，建立多跑道、多层次、多方面的激励机制，对不同需求的员工进行有针对性的激励就显得尤为重要。

联想集团的激励模式可以给我们很多启示，其中多层次激励机制的实施是联想创造奇迹的一个秘方。联想集团始终认为，激励机制是一个永远开放的系统，要随着时代、环境、市场形势的变化而不断变化。这首先表现在联想在不同时期有不同的激励机制，对于20世纪80年代的第一代联想人，公司主要注重培养他们的集体主义精神，并满足其基本物质生活需求；而进入90年代以后，新一代的联想人对物质要求更为强烈，并有很强的自我意识，从这些特点出发，联想制定了新的、合理的、有效的激励方案，那就是多一点空间、多一点办法。

根据高科技企业发展的特点，公司还建立了多条激励跑道：例如让有突出业绩的业务人员和销售人员的工资和奖金比他们的上司还高，这样就使他们能安心现有的工作，而不是煞费苦心往领导岗位上发展，他们也不再认为只有做官才能体现价值，因为做一名成功的设计员和销售员一样可以体现出自己的价值，这样他们就把所有的精力和才华都投入到最适合自己的工作中去，从而创造出最大的工作效益和业绩。联想集团始终认为，只有一条激励跑道一定会拥挤不堪，一定要有多条跑道，这样才能使员工真正安心在最适合他的岗位上工作。

总之，联想集团的激励机制主要是把激励的手段、方法与激励的目的相结合，从而达到激励手段和效果的一致性。而他们所采取的激励手段是灵活多样的，是根据不同的工作、不同的人、不同的情况制定出不同的制度，而不是一种制度从一而终。

激励的方式多种多样，只要企业根据自己的背景和特色，从多角度、多层次建立相应的激励制度，使每一个层面的员工都受到激励，就一定会激发出员工的积极性和创造性，使企业得到进一步的发展和壮大。

保证公平是提升激励效果的有效途径

激励机制必须体现公平的原则。要在广泛征求员工意见的基础上出台一套大多数人认可的激励制度，并且把这个制度公布出来，在激励中严格按制度执行并长期坚持。只要为企业做出了贡献，不论其身份、资历、岗位等如何，都应该得到公平公正的待遇。对于取得同样成绩的员工，一定要获得同样层次的奖励。

公平包括三个方面：内部公平、外部公平和自我公平。内部公平即保持激励机制的内部一致性，使员工感到相对于其他员工的公平性；外部公平是指外部竞争力，使员工感到相对于其他企业从事相同工作的人员的公平性；自我公平是让员工感到自己的努力获得了承认，员工的努力程度和公司给予的激励要实现一定程度的正比。

处理好这三个公平也是提升激励效果的有效途径。如果做不到这一点，宁可不奖励。管理者给予员工任何不公平的待遇，都会影响他们的工作效率与情绪，更重要的是影响激励效果。

A公司是地处沿海开放地区的一家民营企业，规模不大，大概300人。初期企业效益不错，属典型成长性企业，规模和产值年年翻番，在业内也颇有名气。但随着企业的迅速发展和扩张，内部管理矛盾也日益彰显，成为困扰管理层的一个大难题。也是基于这个原因，该企业参与了我们的企业健康调查活动。

在回答激励管理的问卷调查时，人力资源部经理也坦言，企业激励机制的不科学、不完善已经严重影响了员工的积极性和主动性。在岗的很多员工人心浮动、怨声载道；部分优秀专业人才纷纷流失。看者心痛，但又不知问题的根本症结所在，又该如何医治。让我们来看看 A 公司在激励管理中存在的实际问题：

企业早在 2004 年就制定了激励方案和体系，人力资源部也有专人负责具体操作。但岗位价值严重不合理，不同部门、不同级别的薪酬差距很小。基层员工普遍不知道自己的薪酬是如何确定的，不清楚工资怎样才能得到提升。公司也实行了绩效考核制度，但好像和薪酬的关系不是很大，员工的努力没有得到应有的回报。很多时候存在"你考你的，我该拿多少还是拿多少"的情况。最典型的是，职能部门员工的奖金数额完全一样，干好干坏一个样；销售人员的绩效工资比例也不合理，激励程度不大，积极性普遍不高。

A 公司的问题可以归纳为两个方面：

第一，薪酬结构和水平不合理。企业在确定薪酬水平和结构之前，没有进行科学的工作分析、岗位评价。最直接的影响就是无法确定岗位的真正价值，导致在评价员工对企业的贡献时，没有科学公平的依据，也就无法做到内部公平。

第二，薪酬和绩效管理挂钩的问题，员工的绩效结果没有很好地反映到其薪酬水平上。换句话说，员工的努力没有通过合理、合适的薪酬手段得到承认，这样不仅会使绩效管理丧失其重要功用，也会使薪酬的激励效果大打折扣，也就损害了自我公平。

岗位管理体系与薪酬体系打通是解决薪酬内部公平性的要点；外部薪酬

调查是保证薪酬外部公平性的要点；而自我公平性一般要通过绩效管理体系来解决。

一般说来，激励公平困境的根本原因在于没有处理好内部公平和自我公平。针对前者，要根据企业实际，运用科学、适用的方法确定岗位对于企业的贡献和价值，这是激励方案设计的科学依据；而员工的自我公平感源于感觉自己的付出得到了应有的回报，所以要实现真正的价值导向，使得为企业创造更多价值的员工得到更好的报酬。这样不仅可以提升企业用于员工薪酬的资金使用效率，同时也促进了员工的自我公平感，让激励效果最大化。

用创新激励跨越绩效鸿沟

　　有一个几乎困扰所有管理者的难题：似乎永远也找不到一个很好的激励办法，实现绩效目标这样一个看似非常简单的管理目的。不管目标设置如何正确，绩效指标如何细分，培训安排如何细致，奖励方案如何到位，都有一部分素质不错、用功努力的员工总是难以完成绩效指标——很显然，这是公司老总、人力资源经理、员工都不希望看到，但又不得不面对的情况。

　　小张是一家知名门户网站游戏运营部门的员工，主要工作是网页制作和开发相关游戏，并同厂商合作开展一些合作活动。小张负责三款游戏，以页面流量为考核依据：其中A游戏刚刚上线，热度极高；而B游戏和C游戏都已经进入产品周期的晚期，人数极少（其实，在产品最初上市的时候也没多少人来玩）。因此小张在忙活了两个月后发现：对A游戏不需要怎么上心，就轻松完成了规定任务；但是B游戏和C游戏怎么努力也没法完成任务，最后的结果当然让小张很郁闷，因为他总的绩效考核受到了很大的影响。

　　这个问题出现后，人力资源经理很无奈：毕竟，对所有的工作都应该进行考核，通过指标分解的办法把管理压力传递下去，而且在职责分配上也是充分体现了"工作集中、考核集中"的专业化分工思路，把同一类工作交给一个人统一管理。在管理资源和人力资源的配置上，也是尽量做到优势集中，尽管最终结果不尽如人意，但也不是管理的责任。另一方面，在小张看来，承担的这几项考核内容都有些尴尬：A游戏的考核成绩好，虽然不是自己的功劳，但也乐得接受；可是对于B和C游戏的考核项，要做好这两个游戏并不是他一人之力可以达到，而做不好这两个游戏，当然也不应该完全是自己的责任了。

于是，在人力资源管理和员工反馈上出现了这样的现象——考核目标与绩效成绩之间，原本希望用"激励"来作为桥梁，但是"激励"在这里反而成了一道鸿沟。我们把这叫作绩效激励鸿沟，指原本期望用激励手段能够实现管理目标，但在实践中却发现不仅难以保障目标达成，还可能会影响员工满意度的一种管理现象。

这一情况的形成原因有很多，一个更深层的原因是，在人力资源管理，特别是对知识型员工的管理上，管理者们存在的"管理惰性"和"不敢负责"导致了这一情形。这样说可能会让人力资源经理们觉得很冤枉，毕竟他们已经非常努力地做好本职工作。但是事实上，的确是因为他们太想"成功"而不敢承担"失败"，太相信绩效这个指挥棒的魔力，不敢开展更深层面的工作探讨，才会导致如此情况。

不难理解，任何一项业务完成的好坏，都离不开公司内部全方位的配合，特别是在产品生命周期上处于初始期和衰退期的业务更是如此。对于初始期业务，业务拓展、产品完善、客户服务、市场营销、技术改进等，都需要内部的高度协同和分工方可达成；对于衰退期业务，如何延长其衰退时间，增加产品生命更是需要上下齐心。

上述工作内容，很多时候都更需要"创新"和"作为"，但任何的"创新"和"作为"都意味着需要承担相应的风险，以及失败的可能，而这种风险本应是公司整个管理机制中的一部分。作为公司，应该鼓励员工在工作中采取更多的创新方法和手段，来实现业绩的成长。但传统的绩效考核方法，由于指标权重的设计以及与奖惩方案的挂钩，最终难免使得员工一方面选择做更容易的、更不具创新能力的工作，一方面则会因为整个考核体系的有失公允而对公司不满。

小张的经历也已经证明了这一点：他并非不愿意做高这三款游戏的流量，但是他面临的要么是无须努力即可取得的成绩，要么是百般付出却回报可怜的局面。作为员工，的确是承担了很多由于激励体系设计不当而带来的影响，而公司的管理者也和小张一起掉进了这个鸿沟中——管理目标未能因绩效指标的分解而达成，员工绩效也不会因激励方案而真的有效提升。

解决问题的关键在于：必须正确面对这类问题，企业和管理者不要过度相信绩效管理的魔力，而应该探讨将管理资源、管理重心适度分配到创新管理上来，用对创新的激励来取代对绩效的激励，用创新激励来跨越激励鸿沟。

哪些人更应该被奖励

从 20 世纪 60 年代开始，美国人力资源管理研究的核心就转移到了员工激励上来，在企业管理的研究中，激励甚至与计划、组织、控制一起成为企业管理的四大基本职能。企业家想要在经营活动中得到利润，想要激励员工，就不能忽视员工的付出。因为员工在付出之后获得回报的一刻最有干劲。

员工作为企业发展的具体执行者，能否得到他们的支持，是企业成败的关键。然而，很多管理者通常忽视员工的权益，且不谈员工福利、年假、年终奖金这些，即使是正常的工资薪金的支付，都存在拖欠、克扣的情况。

随着中国市场经济的不断发展，劳资关系这一概念已经越发被市场所重视。管理者想要在劳资关系中做"老子"，却没有员工会愿意一直做"儿子"。管理者要想员工为企业的付出最大化，必须积极回报员工为公司的付出。东风悦达起亚在这方面就做得非常好。

在国外汽车品牌的不断挤压下，国产汽车的市场空间已经越来越小，而东风悦达起亚汽车却在宁夏赢得了消费者的喜爱。目前，在宁夏一地，东风悦达起亚汽车的市场保有量已经超过了一万辆，而这一数字也随着其良好口碑的流传而不断增长着。

在专营店中，每个员工都保持着高昂的服务热情，以其道德品质、团队形象、职业素养赢得了消费者的赞赏，员工的高服务质量也正是东风悦达起亚的成功关键。而这一切不仅归功于企业一直以来对员工的培训，更在于企业对员工付出的积极回报。

对于表现优秀的员工，企业每年都会为其安排两次出国旅游。员工们不仅在旅游中缓解了工作压力，也感受到了企业对自己付出的正视，更愿意为企业发挥自己的最大潜能。夏季，东风悦达起亚宁夏人和专营店还会为优秀员工安排旅游，其间员工间的友谊得到深化，员工们也在旅游胜地切实地感受到了当地旅游景点的卓越服务。旅游结束后，员工的工作热情越发高涨，以争取年底的另一次旅游机会。

在东风悦达起亚对员工付出的衡量中，业绩并不是唯一的标准。实际上，企业在回报员工时，需要对多个方面进行考量。

第一是工作业绩。工作业绩始终是每个员工最直接的工作表现。绩效包括三个方面：任务绩效、管理绩效和周边绩效。每个员工都有着具体的岗位任务，这一任务是由其工作内容所直接决定的。管理绩效是针对管理人员而言，公司不仅要对其任务绩效进行考核，还要考虑其下属员工的工作业绩。因为公司的计划常常需要多个员工、团队或部门的合作，因此还需要对其在团队中发挥的作用进行考核，这就是周边绩效。

第二是工作能力。工作能力分为专业技术能力与综合能力。技术人员的工作能力更多体现在其专业技术上，而管理者的工作能力则需要被综合评估。工作能力的考核方式可以是技术考试，也可以是公司内部的评价打分。

第三是工作态度。由于其本身的抽象性，工作态度的考核具有一定难度。我们可以从工作积极性、责任感、纪律性、协作性以及考勤状况等五个方面进行评估。工作态度本身无法进行定量考核，我们可以通过其他员工的评价，对员工进行一种定性评估。

第四是员工的认同。员工可以说是企业组成架构的基本元素,是企业存在并发展的基石。如果员工不认同企业,就不会重视企业的发展,也不会将其作为自己可以终身奉献的对象,甚至都熬不过短短的实习期。一个员工能够认同企业,是为企业付出的基础。

第五是员工的忠诚。每个管理者、企业主都想要获得员工的忠诚,而不是依靠看管来促使员工为企业付出。只有对企业忠诚的员工才能组成一个有凝聚力的团队,才能真正促进企业竞争力的不断提高。

值得一提的是,作为管理者常用的激励手段,奖励更应该给予那些为企业做出突出贡献的人。这些人更应该得到企业的回报。

在2012年8月8日傍晚,百度Summer Party大会正式开始,当晚最大的重头戏就是百度管理者李彦宏颁发百度最高奖。

百度最高奖针对的是百度总管级别下的员工,只要该团队在过去的一年为公司项目做出了突出贡献、超额完成目标或是做出了巨大创新突破,且团队人数在10人以内,百度就会给予100万美元的奖励。而在2012年的这场盛会中,李彦宏为三个小团队共28人颁发了300万美元的奖金。

在2011年,李彦宏首度颁发百度最高奖,而百万美元的奖励直接在业内掀起了轩然大波。每个人都在惊叹于李彦宏的魄力,然而正是因为这样的巨额奖励的刺激,百度所有员工都愿意发挥自己的最大潜能。

2012年,这三支小团队分别在服务器潜能激发技术、网盟关键词精准匹配技术、凤巢个性化投放策略中做出了突出贡献,让百度的技术竞争力优势更加明显。李彦宏也在会场上说道,"百度最高奖的设置是没有上限的,有多少团队符合标准,我们就会为多少团队颁发奖励"。

由此可见,员工需要得到激励,但并不是人人都应该被奖励。在具体实行时，要把握好两个原则：

第一是准确性。公司在奖励员工时，首先必须确保，这名员工做得比其他员工更好，这个团队实现的效益比其他团队更突出。百度最高奖奖励的都是为百度做出突出贡献的小团队，小团队简单的内部构成，可以确保奖金到达每个团队成员的手中。而团队人员过多或团队成员层级过高，就可能导致个别员工做出了贡献却没有得到奖励。

第二是全面性。既然公司需要对奖励对象做出考察，这一考察就必须是全面的。全面性首先表现在公司每个员工都需要得到评估，其次则需要对该员工的每个工作细节做出评价。百度的众多员工中不乏积极创新的人才，但最终只有三个团队共 28 人获得奖励，正是因为这 28 人所做出的贡献是公司内部最高的。管理者必须进行详细的评估，才能确保奖励发放的公平。

第二章
物质激励

基本保障：合理的薪水是第一位的

物质激励，也是经济激励。通过实物与金钱等形式激励员工，提高工作绩效、实现价值观统一，是企业管理中最常见、应用最广泛的一种手段。作为激励机制的重要方面，物质激励一直被企业家和行为学家所重视。物质激励可以采取多种形式，比如薪水、奖金、福利、股权、期权、分红等形式。其中，薪水是物质激励的基础组成部分。

市场上的人才是否愿意流入企业？

企业内的员工是否愿意留在企业？

留下来的员工又是否愿意发挥其最大的潜能？

这些都是管理者在制定薪水制度时必须考虑的问题。薪水是工作动机的重要诱因。它是员工购买生活必需品的手段。人们不能仅为了金钱而工作，但是离开了金钱，又有多少人会来上班呢？为了满足基本的生活和安全需要，一份稳定而持久的薪水是绝对必要的。过去，薪水一直简单地被管理者看作是对员工付出的回报。管理者对它的认识也停留在"你劳动，我给钱"的层面上。随着人力资源管理理论的不断发展，薪水已经不再是单纯的人工成本，而逐渐成为一种激励员工的手段。

在经济学理论中，我们通常将员工看作是"理性人"，认为只要给予员工相应的物质回报或是绩效奖励，员工就会为公司发展出力。而在管理学理论中，员工开始作为"社会人"被管理者所认识。在对薪酬激励理论研究的过程中，波特（Porter L.W.）和劳勒（Lawler E.F.）提出了激励过程综合理论。他们认为，员工的工作绩效其实是受到多种因素影响的。员工的能力和素质当然是工作表现的基础，而工作环境、对管理者期望的理解以及薪酬的公平性都是决定其努力程度的重要因素。管理者只有实现内在和外在的薪水统一，让员工切实感受到只要努力实现绩效的提升，就能得到更多的薪水奖励，才能最大激发员工的工作热情。

因此，一套合理的薪水奖励制度对于员工而言至关重要。通过综合分析员工的需求，给予他们合理的薪水，这才是薪水激励的关键。那么，薪水在什么程度上才算合理呢？在这一点上，埃克森公司给了我们很大启示。

从20世纪初期美国得克萨斯第一次发现石油开始，埃克森就一直在石油竞技场上顶风前进。目前，该公司是美国原油和天然气较大的生产商之一。公司成立至今，已有一百多年的历史，不仅影响了世界石油及其产品的发展，也左右了世界发达国家的工业。从某种程度来说，公司的迅速发展是与其合理的薪水制度分不开的。

埃克森的薪水制度所遵循的原则只是很简单的一点：让员工满意！所谓的让员工满意，并不是说让员工的薪水无限制地高，也不是说员工希望自己的薪水是多少就给多少，而是说员工对于自己付出的劳动和得到的报酬是满意的。他们觉得，自己付出劳动后所获得的薪水是合情合理的。为了达到这一点，埃克森公司可谓是下了一番苦功夫。首先他们遵循公平的原则，不会让员工觉得别人付出了比自己少的劳动却获得更多的薪水，避免引发员工不满；同时，保障员工的基本生活；另外，注意薪水的梯度性，让员工之间有一个相互追赶的方向和目标。

设计合理的薪水制度，应掌握好适度的激励原则。奖励不适当就会引发员工的情绪，还会增加激励成本。奖励过重会使员工滋生骄傲和满足的情绪，失去进一步提高自己的欲望；奖励过轻又不能对员工产生激励作用，或者让员工产生不受重视的感觉。所以，奖励一定要讲究适度。

再来看看诺基亚"以人为本"的薪水奖励制度，是如何让员工感受到管理者的重视以及薪水奖励的公平性的。

首先，诺基亚开创了 IIP（Invest In People 人力投资）的管理模式，管理者每年必须与每个员工开展两次深入的谈话，谈话的主要目的在于评估该员工的工作绩效和分析该员工的工作能力，通过对员工个人能力表现的全面分析，给予相应建议、培训以及调动。通过 IIP 模式的启动，每个员工都能感受到公司对自己的帮助和重视。

其次，诺基亚引用了"诺基亚员工的平均薪水水平／行业同层次员工的平均薪水水平"的比较率公式，比较率越高，诺基亚的薪水竞争力就越大。通过这一计算公式，管理者就能在充分认识行业内薪水水平的基础上，以最低的人工成本保持最高的优势。

最后，诺基亚通过 KSM（重要员工管理）为重要员工提供了相应的薪水管理手段，通过对员工的分级，给予相应的比较率薪水，从而以更具竞争力的薪水体系留住优秀人才。

对员工而言，薪水奖励不仅仅是一种劳动回报，更是管理者通过薪水奖励对员工表现出的认可。薪水也被员工视为自我价值的衡量标准和发展前景的判断依据。诺基亚的薪水奖励制度，让员工看到了在公司发展的希望。这种由浅入深、由面到点的奖励制度，让员工能够在公平的环境中努力工作，以赢得更高的薪水奖励，最大限度地激活员工潜力，并实现公司业绩的最大化。

适度、合理的薪水激励制度非常重要，在具体制定和实行中管理者必须注意以下几点重要原则：

第一，公平性。公平不是简单地一视同仁，而是要求管理者通过对每个员工的综合分析，将员工进行相应的分级。同级别的员工得到的必然是同等的薪水奖励水平，而高级别的员工必然得到较高的薪水奖励。只有实现横向和纵向的公平，薪水激励制度才能真正发挥作用。

第二，竞争性。企业要在市场上维持其竞争力，就要保证薪水激励制度的竞争力。如果同样的人才在你的企业得到的却是低于行业平均水平的薪水，就不会有人愿意一直留下来。员工流动性高的企业，也很难保证发展战略的有效实施。

第三，激励性。在薪水比较率较高的企业，一套具备激励性的薪水制度就显得尤为重要。员工或许会愿意为了较高的固定工资而留在企业，如果只是死薪水，员工的工作积极性就会大打折扣。

第四，经济性。薪水奖励是员工激励的核心环节，但管理者也要注意结合企业的实际情况。在对企业资金实力和预期利润等因素的充分考虑中，对薪水奖励进行成本控制。一味地关注竞争性和激励性，企业利润必然会因人工成本的加大而骤减。

潜在收益：给人才一副"金手铐"

薪水是激励员工的基本物质手段，也是报酬体系中的基础。但其激励效果更多体现在对员工短期利益需求的满足上。随着素质的提升，员工开始关注长期收益的提高。所以，长期激励方案也就应运而生。这就是所谓潜在收益激励，即通过向员工提供期权或是股权，以一种投资收益的形式支付给员工的薪酬。期权或股权通常与公司本身有着直接联系，公司的快速发展必然带来期权和股权的快速增值，从而使员工收益得到扩大。

潜在收益对于管理者和股东有着相当明显的激励效果。为了满足他们的利益需求，公司可以采取潜在收益的薪酬支付方式。在美国，大多数成功企业的 CEO 年薪都不高，而像苹果前任管理者乔布斯、福特汽车 CEO 比尔·福特、谷歌创始人谢尔盖等人都只是象征性地领取 1 美元年薪，甚至前纽约市市长迈克尔·布隆伯格、前加州州长阿诺德·施瓦辛格的年薪也只有 1 美元。

当然，我们都能一眼看出，这只是公司发展的一个噱头而已。但是，这些 CEO 的收益究竟从何而来？

惠普从 2004 年开始执行员工股权激励计划，玛格丽特·惠特曼在成为惠普新任管理者后，同样只有 1 美元的年薪。但根据员工股权激励计划，惠特曼有权以市场价购买惠普 190 万股的股票期权。而惠特曼每在惠普干满一年后，都可以得到 10 万股股权的奖励。惠特曼正是这样被绑在惠普的"战舰"之上。

乔布斯的年薪也只有 1 美元，但他持有着超过 500 万股的苹果股票，苹果作为纳斯达克的一个神话，其股价在 2000 年之后的十年间，翻了四十多番，从 10 美元出头到 400 美元不止。乔布斯去世时手头的苹果股票价值已经超过 20 亿美元。

除了管理者和股东，员工持股是一种更为直接的股权激励方法，在物质激励计划中加入股权的元素，可以直接将员工拉到自己的阵营，即成为公司所有者。不论是无偿奖励、股权补贴或是购买权力，我们的目标是让员工持有公司的股票，并不断加大持有量，让员工与公司"一荣俱荣，一损俱损"。

据调查，美国 500 强中 90% 的企业实行员工持股，美国上市企业有 90% 实行员工持股计划。把员工持股企业和非员工持股企业进行比较，员工持股企业比非员工持股企业劳动生产率高了 1/3，利润高了 50%，员工收入高了 25% ~ 60%。作为一种激励手段，股权激励适用于资源不够的知识密集型企业。在企业不同的发展阶段，股权激励的份额也不同：初创企业多，成熟企业少，没有品牌的企业多，有品牌号召力的少。

员工持股计划是一个体系，针对不同的对象可以设计不同的持股形式，以达到目的。员工持股计划可以激励员工努力工作，吸引优秀人才，提高企业竞争力。同时它也是"金手铐"，起到留人的作用。而管理阶层应把握住企业创新的原动力，采取国际上通行的技术入股、利润提成等措施，通过公平的分配体制，实现个人价值与企业价值的高度一致，使员工感觉到：有创造力就有回报。只有分配关系理顺了，员工才会把精力集中在工作上，发挥创造性和主动性，真正实现个人与企业的共同发展。在这方面，上海浦东大众的员工持股方案尤为典型。

上海浦东大众出租汽车股份有限公司是我国第一家实行股份制的出租车

公司，其在 1991 年 12 月 24 日成立后，经过一年多的公开募集股本，最终在 1993 年 3 月 4 日挂牌上市。

1997 年 9 月 18 日，浦东大众召开了职工持股会暨首次会员大会，浦东大众的员工持股计划就这样展开了。在这次大会中，共确定了 2800 多人的持股会会员身份，他们以每股 1 元的价格持有了上海大众企业管理有限公司 90% 的股份，员工以 6800 万股的股权份额成为上海大众的最大股东。而浦东大众又以每股 4.3 元的价格，向上海大众转让了 20.08% 的股权，这就意味着，持股会成员通过上海大众持有了浦东大众 2600 万股股份。就这样，员工成了浦东大众的"话事人"。

浦东大众与其员工就这样结成了利益共同体，实际上，20.08% 的股权已经足够上海大众企业管理有限公司掌握浦东大众的决策权，而 90% 的股权又让员工持股会成为上海大众企业管理有限公司的绝对决策者，浦东大众已经成为员工们共有的一家公司。这就从根本上解决了股东与员工的利益冲突。

在浦东的股份制改革中，员工必须出资购买公司的股权，但 1 元的上海大众股票和 4.3 元的浦东大众股票，实在是一个优惠到"吐血"的价格了。虽然公司规定总经理、党委书记必须持有 20 万股的股权，但相对于持股会所持有的股份就显得微乎其微了。持股会对各级员工所能持有的股份做出了一定的限制。在浦东大众，基层员工最多只能持有 2 万股股权，出租车队长的股权则限制在 5 万股。

与大多数公司员工持股计划类似的是，一般情况下，浦东大众的员工无法对所持有的股权对外做出转让或出售，但可在公司内部转让。若员工因为各种不可控因素离开企业，如调离、辞退或死亡，那么，员工所持股份则由持股会收购，再另做处理。

　　员工持股计划的实施可以帮助公司筹资。股权大多需要员工出资购买，这从一定意义上来说，就等于是公司内部一个筹资计划。浦东大众的股权出售虽然价格低廉，但2600万股的股权出让仍为其筹集了1亿元以上的资金，对于成长期的公司而言，这实在不是一笔小数字。员工持股就等于为公司开发了一个内部交易市场，成为上市的替代方案。浦东大众鼓励员工持股，同时规定员工持股无法对外流通，只能内部转让，这就形成了其内部股票市场。最重要的是，员工成为公司的所有者后，更愿意以一种主人公的心态参与到工作中去。浦东大众的持股员工几乎时刻想着为公司的发展添砖加瓦，企业又哪有不成功的道理呢？

　　正是在这样的员工持股运作下，浦东大众的员工流动率远低于上海市的其他出租车公司，每个浦东大众的员工都争取以最小的运营成本获得最大的业绩，从而以股权的增值带动自身利益的最大化。

　　员工持股的激励效果已经无须赘述，但是股份制改革、员工持股计划不是一件简单的事，这涉及股东权益的分割。在实施员工持股计划时，必须谨慎而行，注意以下几点：

　　第一，可行性研究。员工持股计划可行与否需要从多个方面进行考虑，国家政策的规定、公司的预期效果、股东大会的意愿、公司的财务状况等，都要求管理者对计划进行充分评估，并做出调整，以确保其顺利实施。

　　第二，公司股价评估。从另一个角度看，实际上，员工持股计划是将公司"卖给"员工，既然涉及买卖，就要对要卖的产品有个正确的估值。若是公司股价被高估，员工就不会积极参与进来，公司当然可以通过薪酬改革来"强卖"股权，但这样不会有什么激励效果。如果公司价值被低估，员工自然愿意增加股票持有量，但公司原来股东的利益就会受到损害。

第三，确定持股比例。说到底，公司还是法人和原始股东的，让员工持股是为了最大限度提升公司的效益。因此，我们对于员工持股比例必须做出详尽的分析，既能够保证员工可以获得应得的股权，也要确保法人和原始股东的利益不会被过度分割。

第四，建立管理机构。大多数公司会通过对原工会的改革，形成新的员工持股会，来对持股员工进行管理，以防止股权的恶意流通。当然，公司也可以聘请信托或是证券管理机构，以更加专业地保护公司，并保证对员工的激励效果。

分享基金：让员工共享企业利润

公司所获得的利润是建立在员工付出的基础上，既然是员工的付出，企业就应不吝与员工分享利润。分享制激励，又可以称为"利润分红"或"劳动分红"，主要指年终时公司按比例提取一部分企业总利润构成分红基金，根据雇员的业绩状况以红利形式发放的劳动收入。利润的分享可以让员工切实感受到自己的努力成果，也可以让员工感觉到公司的重视，其意义远不止于物质激励，更是一种感性激励法。

分享式激励法最早是沃尔玛提出并应用的。在沃尔玛，每个工龄超过一年的员工，只要每年的工作时间超过 1000 小时，就能参与到沃尔玛的利润分享计划中来。

沃尔玛首先制定了一套完善的工资管理模式，又提出了一个员工分享公司利润增长的公式。这样，沃尔玛就可以根据公司所获的利润份额，按员工工资的一定百分比对员工分红进行计提。这份分红会被保留到员工离职或是退休，届时员工可以选择以现金形式或是公司股票形式提取分红。

这份利润分享计划从 1971 年开始实施，当时的计提百分比为 6%。在计划实施的第二年，公司就与 128 位员工分享了总值 17.2 万美元的利润额。员工的分红增长了，自然愿意更积极地工作，服务质量也随之提高，消费者就更加愿意到沃尔玛消费。

由于沃尔玛一直保持高速的发展态势，员工都选择了将这些分红用于购买公司股票。一位沃尔玛的司机就坦言，1972年他刚进沃尔玛时，沃尔玛管理者山姆就告诉他，只要能在沃尔玛工作二十年，就能得到10万美元的利润分红。这位司机当时相当怀疑，因为他先前在一家公司工作了十三年，却只得到了700美元的分红。二十年过去了，他在沃尔玛的利润分享基金已经达到了70.7万美元！

还有一位名叫琼·凯利的员工也为留在沃尔玛而庆幸。由于沃尔玛本身的工资水平并不高，琼·凯利的哥哥一直劝她换一份工作。但琼·凯利却选择了留下来，没想到入职一年后，她就得到了8000美元的利润分享基金。又过了十年，沃尔玛已经为她预留了22.8万美元的利润分享。

沃尔玛的利润分享计划说明，想要公司的利润增加，就要让员工参与到公司利润的分享中来。既然公司的利润就是自己的利润，员工自然会提高关注度，愿意以更积极的工作态度为消费者提供服务。因为消费者不单是沃尔玛的"上帝"，更是每个员工的"上帝"。

利润分享计划大获成功后，沃尔玛又减少商品短缺的成本分享计划。每个超市都会遇到商品短缺问题，这里的短缺并不是指供货不足，而是指商品的失窃。由于消费者的偷窃或者员工的监守自盗，超市都会有一笔数额可观的损失。为了有效解决商品短缺问题，沃尔玛实行减少商品短缺的成本分享计划，每个分店减少商品失窃而节约下来的成本，都会与分店员工分享。这样，公司的利益再次与员工的利益合二为一，员工都积极地对商品进行监督，于是沃尔玛拥有了行业内的最低商品失窃率。

公司利润的增加不仅在于业绩的提升，还在于成本的降低。沃尔玛员工正是通过将公司利润"私有化"，而对商品失窃进行了严格的监督，降低了消费者的偷窃成功率，也预防了内部员工的监守自盗，有效遏制了一切损害公司利润的行为发生。

利润分享计划正是基于对公司利润的考核，支付给员工的一种一次性奖励，它的形式多种多样，可以是现金支付、股权支付，也可以是延期支付。具体而言，公司实施利润分享计划通常有三种方法：

第一，固定发放。一些公司选择了最为轻松的利润分享方式，那就是在每年或每个季度的利润汇算时，从利润中提取一定数额的资金，直接发放给所有员工。这样的做法当然简单，但"一碗水端平"却反而让个别员工感到分配的不公平。

第二，绩效评估。部分公司就是在对公司利润的评估基础之上，又对每个员工实现的绩效进行评估，根据每个员工的业绩分享公司利润。这一做法很好地促进了员工业绩的提升，但业绩较好的员工却常常会因此缴纳一笔不菲的个人所得税。

第三，延期支付。有的公司就对员工分享利润基金进行计提，并以一定比例每月发放给员工，等到员工退休或离职的时候，再将剩余的利润分享基金发放给员工。

奖金激励：该出手时就出手

美国通用食品的管理者就曾断言，"你可以买到员工的时间，可以买到员工的工作技能，甚至可以买到员工的人际关系，但你买不到员工的热情，买不到员工的忠诚"。公司想要员工发挥最大的主观能动性，金钱激励是一个非常重要的手段。除了工资、股权、期权、分红，还有一个重要的金钱激励方式就是奖金。

在 IBM，员工的所有创意和发明都可以得到"明码标价"的奖励，甚至是一条好的建议都可以在日本 IBM 得到最高 2700 万日元的奖励。

在日本 IBM，创意或发明有利于节约成本的，员工所获得的奖励为，其实施第一年内所节约成本的 25%，其奖金数额为 6000 ~ 27000 日元：

一年内节约成本超过 120000 日元的，其实施第二年所节约成本的 10% 仍可作为奖励，奖金数额无限制；

节约成本无法量化的，由相关员工对其进行综合打分，按分数高低决定奖金多少，其奖金数额为 6000 ~ 24000 日元；

多名员工共同提出的创意、发明或意见，奖励平均分配；

发奖时，员工离职或退休，奖金仍然发放。

当奖金与实际工作挂钩时，激励效果会更加明显。这主要表现在：

首先，提升业绩。将员工的实际工作尽可能地量化，将奖金融入员工的业绩中，有利于刺激员工业绩的提升。IBM以创意发明所节约的成本作为员工业绩的衡量标准，将员工的实际工作最大限度量化，并据此给予员工奖励，从而快速提升公司业绩。

其次，节约成本。金钱奖励偏向于实际工作表现优秀的员工，有利于提升员工的工作积极性，并节省管理成本和工资成本。IBM的"明码标价"使员工们清楚地知道，怎样可以更快获得更多的金钱奖励，从而可以投入更多热情在工作上。

最后，增强凝聚力。奖励并不只是与员工个人的实际工作挂钩，也与团队的实际工作挂钩。IBM的奖励均分使团队内部不会产生利益倾轧，从而将团队各成员凝聚在一起。而团队也能更容易想出新的创意或创造新的发明，使团队精神得到深化。

公司将奖金与实际工作联系在一起，不仅可以让员工的奖励有合理的依据，还能够最大限度地激发员工的工作能力和创造性，并引导其与公司发展需求保持统一。

公司要实现奖金与实际工作的紧密联系，最直接的方法就是实施绩效管理。在中国，企业越来越愿意使用绩效管理来提高公司业绩，然而，有些公司在实施绩效管理后却并没有达到预期的目标，甚至员工的工作积极性还有所下降，产生了相反的效果。这并不是因为绩效管理本身有什么缺陷，而是因为这些公司没有建立起一套完善的绩效管理体系。以下有几点要注意：

第一，明确的业绩指标与目标。很多公司在给员工的业绩指标中只是模糊地要求，"今年业绩要翻一番"，然后就没有然后了。这就让员工们感到迷茫，不知道到底应该怎么做。公司必须制定明确的业绩目标，对每个部门，甚至是每个员工的业绩做出明确的要求。销售部门要完成多少的销售额、生产部门要实现多大的成本节约、财务部门要在哪些方面提高效率……同时，公司要针对这些目标制定具体的指标，指标的设置必须是可量化的，模棱两可的指标会导致考核中不公平现象的发生。

第二，奖金发放要得当。奖金是用货币表现的物质奖励，它无疑是能满足个人低层次需要的外部奖励。然而，奖金的数值又标志着人的超额劳动的质和量，表现了人的努力程度与能力水平，因而又具有内部奖励的含义。奖金终究能起到哪种奖励的作用，取决于奖金发放方法。方法得当可以使它起到内部奖励与外部奖励的双重作用，可以作为调动员工生产积极性的重要手段；如果方法不当，发得再多也只能起到外部奖励的作用，甚至还会引起人际矛盾，影响员工积极性的发挥。

第三，奖金分配与"两头挂钩"。一头是经营的效益挂钩，经营好的，创造超额利润多的可以多提奖，经营不好的，没有完成利润定额的就不能提奖。另一头是与员工个人成绩挂钩，按个人超额完成任务的质量与数量发奖。超产多、质量好的多发，不超产、质量次的不发。只有这样，才能体现奖金的本意，即对超额劳动进行奖励，才能起到激发员工的工作积极性的作用。这样的奖金，员工不仅将其看成是满足生理需要的物质保障，还从奖金中看到自己劳动的质和量、自己的能力与努力、领导与他人对自己的评价。于是，奖金成了个人成就的标志。这样一来，奖金就成了满足员工低层次需要与高层次需要、外在需要与内在需要的统一物，奖金的激励作用才能充分发挥出来。

推陈出新：让小福利俘获人心

简单来说，企业福利是企业给员工提供的用以改善本人和家庭生活质量的，以非货币形式为主的补充性报酬和服务。企业福利由法定福利和自主福利两部分组成。最新的雇主调研显示：被评为最佳雇主的企业员工，对福利的满意度平均要比其他雇员高出 25%。所以，很多福利项目并不是毫无意义，也不是单纯的保健因素，它们在吸引员工、保留人才以及激励员工上起到不小的提升作用，帮助企业提升员工的满意度和敬业度。因此，很多公司在福利上面也是下足了功夫，希望通过给员工不同的关怀、保障，以激发员工更大的工作热情和对公司的忠诚度。

一些公司常规的福利，除了保险、免费午餐、班车、住房、节日福利和生日福利外，还有很多福利待遇充满了人性化。员工对于企业福利的满意度关键在于福利项目是如何设计的。来看看一些著名公司都是怎么做的吧。

CA 公司（美国国际联合电脑公司）是全世界仅次于微软的第二大电脑软件公司，在 IT 业著名的杂志 *Computerworld* 的评选中，CA 公司已经连续六年被评为"IT 行业最佳就职公司"。

员工之所以愿意到 CA 公司就职，除了 CA 超高的薪酬水平，还在于其完善的福利制度。CA 公司的福利设施之齐全令人咋舌，在总部大楼里，不仅有健身房、篮球馆、休闲中心，甚至还有托儿所！

除了外观设计十分新颖美观，CA托儿所的内部设施更是舒适无比。考虑到孩子的安全问题，托儿所的安全设施也是十分严谨。托儿所的门口有两道电子门，进出都需要有托儿所工作人员的陪同，而且两道电子门相继打开，只有一道电子门关闭后，第二道电子门才会打开。走进托儿所，我们可以看到色彩鲜艳的地毯、大大的冰箱。室外有草坪、游乐场、野餐区，甚至还有假山和小湖。

CA托儿所的教学质量也是全美顶尖的。孩子在这里可以接受从学前班到幼儿园的教育。对于3到6岁的孩子，每5人就有一个指导老师；对于3岁以下的，每4人就有一个指导老师。在托儿所里甚至还有一个注册护士随时待命。而这样一流的托儿所，其收费与社区内的公立托儿所相当。

很多时候，一些生活上的琐事限制了员工的工作效率。通过完善的福利制度，为员工解决了生活上的麻烦，员工就能将更多精力投入工作中。托儿所的建立让CA员工不必担心孩子的安全和教育，因为这些公司都妥善解决了。更为重要的是，CA的福利以员工的孩子为切入点，彻底解决了他们的后顾之忧，更俘获了他们的心。甚至很多员工私下里都会说，"为了孩子，我也要留在CA"。

类似的，日本麦当劳也以员工的家人为核心，不同的是，他们提供的是健康保障服务。创始者和经营者藤田田曾说："记住一句话，日本麦当劳成功的信条就是，为员工多花一点钱绝对值得。"他认为，勤劳的员工是公司的财富，对员工不能吝啬。

为了保障员工及其家属的健康，日本麦当劳每一年共支付1000万日元给东京警察医院，作为保留病床的基金。全体员工和家属都能够得到一张诊断卡，可以随时凭卡住院。在员工及其家属生病、发生意外的时候，可以立即在医院接受治疗。即使在星期天得了疾病，也能马上送入指定医院，避免在多次转院的途中因来不及施救而丧命。曾经有两年，麦当劳的员工不曾生病住院，麦当劳每年的1000万日元不是白交了吗？但是藤田田不这么认为，他说："只要让员工安心工作，对于麦当劳来说就不会吃亏。所以这笔钱绝对不是浪费。"

人都有喜新厌旧的特点，激励也一样。长期用老一套方法进行激励，就会让员工失去新鲜感。而一项别出心裁的福利往往让员工惊喜不迭，这就是设计的魅力。

全球音响零售商中营业额最高的Hi-Fi音响设备零售商瑞奇音响，对激励员工十分狂热，甚至会让员工享用度假小屋、周末使用豪华轿车，以及搭乘公司小飞机旅行等超级福利。董事长朱利安认为，这一切做法都物超所值，因为瑞奇音响的员工离职率与缺勤率比业界平均值的一半还要低。

朱利安表示，人是很脆弱的，不能把他们的士气视为理所当然。人和建筑物不一样，建筑物只要盖好了，放五十年都不会变，但是员工今天士气高昂，明天就可能一落千丈。即使过去曾提供度假小屋作为激励员工的方案，也很容易会被遗忘。后来，公司添购一架8人座飞机，朱利安宣布，每次出差都可带7位同事与他同行。

有趣的是，飞机上只有他必须保持清醒，因为他是去出差，其他人可以喝得烂醉如泥，疯狂尽兴，因为他们是去度假。至目前为止，这架小飞机已经载过200位员工，每位参与的员工都会以能搭乘飞机为荣。正因如此，他们在工作上也更加努力。

此外，公司每个月都会选出3名优胜者，允许他们周末使用劳斯莱斯或班特利豪华轿车，这对一辈子都没坐过劳斯莱斯或班特利豪华轿车的员工来说是一件意外的喜事。他们可以开着车去探访学生时代的老朋友，或者带他们的岳母出去喝杯茶，还可以驾车和爱人孩子去旅行，这让他们面子十足。

或许有人认为这样的开销十分惊人，一年至少花费几千英镑，不是每个公司都有足够的经济实力。但朱利安认为，与其让员工牢骚满腹、士气低落，导致员工缺勤、流失或以低劣的服务去服务顾客，倒不如用度假小屋、小飞机、劳斯莱斯等激励措施，让员工变得忠诚、快乐，换取瑞奇音响一年约8500万英镑的营业额，光是这一点，就非常值得。

其实瑞奇音响讲究的是工作动机，他们坚信员工如果不快乐，就无法提供给顾客良好的服务，所以要不断设计福利激励，激发员工热情。当顾客享受到亲切的服务后，公司业绩自然获得增长。

好福利也不是"有钱就任性"，需要公司的不断探索、分析、设计、沟通与调整，才能发挥最大效用。很多管理者知道福利的重要性，却不知道怎么去完善福利制度。以下几点可以参考：

第一，生活周期福利。可以从员工所处的生活周期，为员工安排福利。对于年轻员工，可以提供更多的旅游福利；对于上有老下有小的员工，不妨提供一些儿童看护或是老人看护的福利措施；对于老年员工，医疗福利则更为重要。

第二，健康项目福利。现代人越来越重视健康，不会有人愿意为了工作牺牲健康，挣血汗钱毕竟不是长久之道。有条件的公司可以建立自己的健身活动馆，也可以为员工置办健身中心年卡，定期的体检也十分必要。

第三，自助式福利。如果管理者不想费事为每个员工设置针对性的福利，可以采取自助式的福利制度。管理者对公司所能提供的福利项目进行明确公告，让员工自行选择所需的某种或多种福利。

第三章

目标激励

用远大的目标引领员工前进

　　企业的目标是号召和指挥千军万马的旗帜，是企业凝聚力的核心。它体现了员工工作的意义，预示着企业光辉的未来，因此管理者应该在理想和信念的层次上激励员工，企业应该将自己的长远目标、近期目标广泛地进行宣传，以做到家喻户晓，让全体员工看到自己工作的巨大社会意义和光明的前途，从而激发他们强烈的事业心和使命感。

　　松下幸之助曾说："管理者的重大责任之一，就是让员工拥有梦想，并指出他们努力的目标；否则，就没有资格当领导。"把这句话应用于员工激励中，就是使用目标激励。目标激励就是通过目标的设置来激发员工的工作动机、引导他们的行为，以激励员工的积极性、主动性和创造性。

　　目标激励是激励员工的最好方式，这几乎是所有企业家的共识。任何一位员工都有自己所期望的目标。企业领导如何运用这种目标动力去激发员工的积极性，这不仅是一种激励手段，更是一种管理艺术。建立一个远大的目标，作为员工前进的方向，可以将员工的工作积极性集中在一起，真正提高公司的运营效率。

　　指甲钳是我们日常生活中必不可少的清洁工具。过去，我们还是用小剪刀来剪指甲。随着指甲钳进入市场，我们不得不惊呼："这发明太天才了！"

　　是谁将指甲钳在中国发扬光大的呢？这个人就是"中国指甲钳大王"梁

伯强。指甲钳刚进入市场时，很多企业都不愿意经营，嫌它利润太低，小企业想进入这个市场又缺乏必备的能力。最后，只有梁伯强成功了。他到底是怎样指引员工走向成功的呢？

从产生经营指甲钳的念头开始，梁伯强就自费到全球市场上去进行调查，经过一系列准备公司成立，并招兵买马。从最开始，梁伯强就灌输给员工一种理念——我们要成为"世界指甲钳之王"。他没有停留在空谈上，而是付诸了行动。从公司成立之初，梁伯强的技术投资之大就让人咋舌。他设立了超高标准的测检中心和研发中心，积极收集全球技术信息和竞争产品信息。业内的技术人才都被他重金收入旗下，大型经销商也都被他的让利所吸引。行业标准的参与制定，使他的指甲钳可以更容易成为行业领导产品。

梁伯强要成为"世界指甲钳之王"，虽然国内指甲钳公司对此都嗤之以鼻，但公司员工却深信不疑。"你想成为什么，你就能成为什么。"大家相信，这个小个子男人真的有征服世界的能力，所以每个人都以最大的工作热情为此努力。

最终，梁伯强经营的指甲钳公司成为中国第一、世界第三。两片式指甲钳是他发明创造出来的，中国指甲钳行业标准也是他参与制定的。

其实目标激励是一种精神激励法，其最大目的就在于将公司的追求变成员工的追求。公司战略为员工提供的是一个目标，公司文化则作为激励员工的精神哲学。在公司发展中，目标最重要。梁伯强为公司设置的发展方向就是成为"世界指甲钳之王"，公司文化就在于"你想成为什么，你就能成为什么"。正是二者的合二为一，让员工能够明确自己该怎样努力。

目标其实体现的是管理者的野心所在，"心有多大，舞台就有多大"。梁伯强从来没有关注过国内市场上的"小打小闹"，唯一的目标就是征服世界。

正是这样远大的目标，激发了员工为了目标而努力的冲动和干劲，并为了实现这个目标而不懈努力。

美国的恩贝公司对目标激励的应用则更加彻底。公司创立初期，恩贝的销售业绩一直平平淡淡，1984年的年销售额仅仅达到300万美元，员工们开始对公司的发展前景产生怀疑。这时，恩贝先生却提出了一个令人震惊的愿景目标，"1989年年销售额达到2000万美元，1994年突破1亿美元，到1999年这一数字要超过1.5亿美元"。这三个"五年计划"让员工们纷纷惊叹于老总的"痴人说梦"，认为这"大饼"画得也太离谱了。

然而，恩贝却给每个员工发放了一份详细的行动方案，向员工们详细阐述了三个"五年计划"的可行性。同时，恩贝近乎孤注一掷地在这一计划上投入了巨大的资源，他在这个"大饼"上表现出来的决心和魄力，让每个员工都开始相信这"饼"是真的。也就是在这样的愿景目标的激励下，每个员工以最大的热情为之努力。结果，第一个五年计划基本得以实现，第二个五年计划提前半年就得以达成，第三个五年计划甚至在第四年就顺利达标。

愿景的魅力正是如此巨大。恩贝公司的成功在于，每个员工都认同企业的发展目标。他们相信，自己正在做的是一个伟大的事业，正在策划的是一个伟大的项目，并且一定会成功。当所有员工团结在一起为共同的目标努力奋斗，这样的企业又怎么会不成功？

目标激励的成本近乎于无，它只是一种对于公司未来的描述，以此激励员工未来实现这一目标而甘愿付出。其实，很多管理者在激励员工时都会用到这种方法，在跟员工的谈话中，他们经常会谈及公司的发展前景。这就是一种目标激励，但效果却微乎其微。原因在于管理者没有系统化地运用这一方法，他们更多是在谈话中随口谈及，诸如"一年之后公司规模绝对不止于此""你的工资肯定能比行业标准高""买房买车不出五年"……这些目标都过于模糊。而如果管理者只是偶尔提及公司目标，也不会对员工构成太大的激励作用。所以，在利用目标激励过程中，要注意以下几点：

第一，目标清晰化。目标必须清晰明确，管理者在制定出一个目标之后，就要提供一份可行性报告，让员工相信目标可行、明确目标内容，这样他们才能甘愿并有效地为之努力。另外，目标的设置必须符合大部分员工的利益追求，当公司设置的愿景与员工利益明显相斥时，员工可能会直接选择离开。

第二，目标持续性。目标作为公司和员工的理想追求，其实现的过程必然是较为漫长和艰难的，员工可能会失去耐性。所以，管理者要不断鼓励员工，让他们知道自己的努力是有效的。在员工入职之初，我们就可以准备一出精彩的演讲来鼓励员工，之后可以不定时地发布各种利好消息，不论是公司的技术研发、销售业绩，还是市场的蓬勃发展，我们要利用一切信息让员工不断地深入企业目标中。

将企业目标和个人目标相结合

在企业管理中，每个员工都或多或少地有所期望，但这种期望没有形成一种动力，就如同每个人都希望拥有漂亮的房子，但没有设计蓝图一样。因此，成功的管理者就要发掘员工的期望，把这种期望变成具体的目标，给员工设计"梦想板"，而一旦这个具体的目标或理想生动鲜明地体现出来，员工就会从思想上产生一种共鸣，就会毫不犹豫地追随你。

管理者不仅要挖掘员工的期望和目标，还要将其与公司目标结合起来、统一起来。如果公司的目标无法与员工的目标相一致、相结合，员工和公司间只是合约关系，就无法激发员工额外的付出和持久的努力。只有把公司的目标和员工个人的目标结合起来，才能焕发员工所有的潜力，促使他们不断去努力追寻。这样的目标是对员工自我实现的解答，让员工知道，自己的发展前途如何、能达成怎样的成就，为员工描绘出前方的无限风光。成功企业通常用塑造一个共同目标、创造共同的价值立场和相同的价值理念来激励员工。

松下幸之助的重要经营谋略之一就是不断提出新的发展目标，让员工对未来充满梦想。他担任社长时，常找机会向员工畅谈自己对未来的设想，1955年他宣布了自己的"五年计划"，计划用五年的时间，使松下电器公司的效益从220亿元增加至800亿元。他认为，让员工彻底了解经营者的经营方针和信念，能够使他们有坚定的目标与期待。他还承诺，如果能够实现这一计划，那么员工将享受与西方发达国家相等的薪资劳动条件。员工士气大振，正是由于公司上下齐心努力，五年后，松下先生承诺的"五年计划"及薪资承诺都一一实现。公司员工与松下先生一道，筑起了松下电器王国。

目标一致，才会有共同的梦想。有了共同的梦想，才会产生强大的行动力量，正所谓"上下同欲者胜"。任何一个人都有自己所期望的目标，如何运用这种目标动力去激发员工的积极性，从而实现公司目标，是一种管理艺术，更是一种管理智慧。

联想集团董事局主席柳传志说："目标是最大的激励。"第一代联想人正是在这种目标激励下奠定了联想大厦的基础。第一代联想人是中国科学院计算所的科研人员，他们的年龄在40岁至50岁之间。和同龄的中国知识分子一样，他们富有学识，但自感得不到施展，一面是看着国家落后，一面是自己不能更好地为国家做事。这批人的精神追求很高，他们办公司的目的一半是忧国家之忧，另一半是为了证明自己拥有的知识可以变成财富。这种要求对于他们尤其重要，办公司是证明自身价值的最后机会。他们对物质的要求不太多，旧体制下他们的收入不足200元，当公司每月能够提供400多元薪水时他们就很知足。

第一代联想人的总体特征归纳起来有三点值得注意：一是事业要求极高；二是集体荣誉感很强；三是物质要求不高。针对他们的目标激励，也要与此相适应。这一时期联想在激励方面也体现出事业目标激励、集体主义精神培养、物质分配的基本满足这些特点。

从20世纪80年代末开始，联想的情况有了一些新的变化。新一代联想人和老一代联想人在价值观方面也有一定的差别。比如，新一代联想人比较强调个人价值，不像老一代联想人那样，为了集体的荣誉宁愿牺牲自己。但是最核心的东西没有变，那就是在为公司的打拼中实现自我价值的理想，而联想恰好又为他们实现这个目标提供了舞台，正是这种目标的激励促使一代代联想人奋斗不已。给员工一个有激励性质的目标，你就能引领他们向前冲。

让员工具体地了解企业的事业会有多大发展，企业的效益会有多大提高，相应地，个人舞台会有多大提升，发展空间会有多大改善，从而激发出员工强烈的归属意识和积极的工作热情。如果缺少一个发展前景，即使公司能够提供较高的薪酬水平、舒适的工作环境、和谐的工作氛围，员工也难以对这份工作产生认同感，也就不会将之作为终身事业而努力。

在进行目标激励时，把组织目标与个人目标结合起来，宣传企业目标与个人目标一致。在企业目标中包含着员工的个人目标，让员工明白，只有完成了企业目标，才能实现自己的个人目标。在具体实施时，要注意以下几点：

第一，宣传成功的事例。当然，再好的话语也比不上"用事实说话"。我们不妨多收集一些公司内部的成功事例，进行大力宣传，提高企业目标的认可度。要让员工看到前方的无限风光，就要先让员工看到老员工是怎样风光。"大家都只是普通员工，既然老员工能够在多年努力工作后获得这样的成绩，那么随着企业的进一步发展扩大，只要自己努力工作，又怎么会得不到这种风光呢？"

第二，积极与员工交流。让员工相信前景是光明的，并不是让管理者去忽悠员工，而是制定出一套系统的制度，明确方向、确认目标、协同努力。这就要求管理者积极与员工进行深入切实的交流，不是去煽动，也不是去宣传，而是脚踏实地地告诉员工其工作价值所在，以双向沟通实现互相认同。

善用看得见、摸得着的目标

公司愿景通常是一个较为长期的目标，有时会让员工感觉遥不可及，无从下手。所以，设置适度目标就非常重要。什么是适度目标？就是企业及其部门在对有关资源进行认真分析后，制定出的切实可行的目标。目标强调适度，太高了不仅无法实现，还会让执行者有一种挫败感，影响积极性；太低了则不具有挑战性，让执行者没有成就感，也会导致资源的闲置与浪费。

确定适度目标，引导出实现目标的合适措施。如果目标出现偏差，就会导致行为的失误。有正确的目标，使实现目标的措施更为有效，并且在实现目标的过程中不断地调整措施和行为。因此，企业的目标必须是"跳起来能摘到的桃子"，有引导性，能振奋人心，是可行的，给人以真实感。

适度目标可分为以下两种：一种是定量目标，比如销售目标是销售额要比上年递增20%；一种是定性目标，比如公关目标是"确保社区关系融洽"。

美国大陆航空公司为了彻底改变昔日因航班误点损失高达每月500万美元的经营窘状，戈登·贝休恩抛出了"重奖按时着陆"的激励举措——"如果每个月的按时率均达到国内同行的前五名，公司将给每位员工加薪65美元，以资鼓励。"正是在这一看得见、摸得着的目标激励下，全体员工心往一处想、劲儿往一处使，在短短的两个月时间内，使航班着陆按时率多年来首次达到同行业的第四名。戈登·贝休恩爽快地践行了自己的诺言，拿出260万美元给每位员工加薪65美元，并发表了热情洋溢的即席演讲——"表面上看起来，我们为员工加薪花去了260万美元，但相对于月均耗费500万美元来说，我们却节省了无效开支240万美元。也就是说，我们通过花钱来省钱，最终达到了获利的目的。在此，我再次重申一下我们的'目标激励原则'：达到目标者，可'品尝'奖励；未达到目标者，必'吞咽'罚款。只有这样奖罚严明，才能使勤奋者更勤奋，使懒惰者变勤奋。"

正是戈登·贝休恩这一看得见、摸得着的适度目标，激发了员工的工作激情，最终实现了公司的目标。

在目标激励中，要让目标设置合理，可以善用阶段性目标。针对每个阶段或者每个时期建立一个短期目标，这样的目标更具体、更容易达到，让员工更有盼头。我们在进行目标激励时，通常会将目标定得较高，如果没有阶段性目标，员工就会认为该目标无法达成，积极性也会受到打击。

陈总经营的是一家连锁超市，他给下属制定的销售目标是，五年内业绩翻四番。分店经理得知后，都不知道到底该怎么办。比如在李经理的门店中，去年的销售额是10万元，五年之后要达到160万元？一家小小的超市，要怎么能做到这样的销售额？除非公司扩大规模了。可是，这开分店的事似乎也轮不到一个门店经理操心。于是，李经理还是照常经营着。

发布了公司目标后，陈总本以为员工都会埋头苦干，想方设法完成业绩。结果，下面的员工还是一如往常。陈总觉得非常困惑，于是来向专业人士咨询。

专业人员告诉他，要实现长期目标，就要先设定几个阶段性的目标，这样员工才能有个盼头。

接下来，陈总对每个门店的业绩进行分析，结合每个经理的权力范围，为他们制定了几个阶段性的目标。

比如李经理的阶段性目标就是，第一年销售额达到 20 万元，完成目标则可以在所属区域内自行选择地址开设分店，第二年两个门店的总销售额要达到 50 万元，第三年达到 80 万元，则可以再开设分店，第四年达到 120 万元，第五年达到 160 万元。

这样明确的阶段性目标终于让李经理知道怎么做了，而他也开始为完成这"几乎不可能"的目标而努力着。一年后，李经理的门店销售额达到了 32 万元！

长期目标通常会让员工觉得过于遥远，不知眼下该怎么努力。陈总一开始的五年计划，就把李经理吓傻了，详细的阶段性目标下达后，李经理就知道了年内要达成什么样的业绩，也明白了该如何努力，最后超额完成了第一个阶段目标。

因此，适度目标的设置可以让员工感受到目标的可行性和合理性，从而让员工的工作积极性得到充分激励。在具体制定和实行时，要注意：

第一，目标要具体。管理者应明确在每个阶段，员工应达成怎样的目标。这个目标不能像总体目标一样过于笼统。具体的阶段性目标可以让员工制订出相应的工作计划，而不会感到摸不着头脑。

第二，阶段要明确。通常来说，我们对阶段的设置是按照历法时间来的。阶段可以设置成年度、季度或是月度。我们应避免将阶段时间设置得过短，较长的阶段使员工有更大的空间发挥主观能动性。

第三，及时奖惩。阶段性目标一旦设立，就要在每个阶段结束后，对员工业绩进行考核，并据此进行奖惩。对于圆满或超额完成目标的员工，应给予奖励；而对于没有完成目标的员工，要帮助其完善工作计划；对于业绩与目标相差太多的员工，则要适当给予惩罚。

帮员工做一份职业生涯规划图

公司愿景的设立说到底是从公司角度出发的，而员工激励的关注点还是在于员工。因此，公司需要帮助员工做一份职业生涯规划图，让员工有明确的个人目标，以配合公司实现愿景目标。

员工只有充分认识了自己，才能正确地决定自己的发展方向，以最大限度地发挥个人潜力。正如之前所说，员工激励的最大目的就在于挖掘员工的工作潜能。通过合理的职业生涯规划，员工可以选择最适合自己的发展路线，发挥个人特长，并最大限度地满足其职业兴趣。只有有了明确的职业目标，员工才有动力努力工作。当员工制定职业生涯规划时，管理者就可以在考虑员工能力的基础上，充分考虑公司的发展需求。

一个有了明确职业生涯规划的员工，其必然能在工作中感受到幸福。根据《哈佛商业评论》的研究，一个有幸福感的员工，其业绩水平会高出平均值16%，工作积极性会高出125%，忠诚度会高出32%。由此可见，帮助制定职业生涯规划的重要性。

卡莱特在其成立之初就建立了员工关怀中心，而关怀中心的一项重要任务就是帮助员工制作个人职业生涯规划。新员工在进入公司之后，部门主管就会与员工开展深入的谈话，谈话的目的就在于了解员工的全面信息，包括员工的兴趣爱好、能力素质、工作背景等，在此基础之上，主管就要帮助员工制定出一个明确的职业发展规划，以明确其发展方向。

卡莱特还会根据员工的发展阶段，为其量身制定发展策略。发展策略立足于其职位需求以及集团发展战略，而这一切也都充分考虑了员工的个人发展需求及能力。

帮助员工制作一份职业生涯规划图，就是促使员工有效率地服务于公司发展需要。要帮员工做出一份合适的职业生涯规划，首先需要管理者了解员工，站在过来人的角度对员工进行一次全面的分析，帮助员工认识到自己的优势及缺陷，从而为员工量身打造职业生涯规划图，以实现员工优势的最大化。

那么如何为员工制定职业生涯规划呢？一般来说，需要以下几个步骤：

首先，进行员工定位。合理的职业生涯规划的前提就是明确的员工定位，员工定位要明确，管理者就需要对员工进行一次全面的评估。

1. 个人评估

必须充分考虑员工的工作能力、兴趣爱好、性格特长等个人因素。工作能力决定了员工能否完成任务，兴趣爱好决定了员工是否愿意努力工作，性格特长则决定了员工与职位的相适度。员工的个人因素是其职业生涯规划的基础，个人评估是员工定位的必要环节。

2. 工作表现评估

员工的个人素质不可能全部表现在工作中，可能由于这样那样的原因，员工的工作表现与个人因素相去甚远。有的员工性格内向，却能在营销时侃侃而谈；有的员工热衷技术，却也能在管理岗位上表现出色；有的员工能力不凡，却业绩平平……因此，工作表现评估是帮助员工正确认识自己的重要环节。

3. 工作环境评估

员工定位不仅要着眼于员工本身，还要考虑到员工的工作环境的影响。公司环境、社会环境、市场环境等都对员工的发展有着直接影响。如果忽视了员工的工作环境，职业生涯规划在实施中，难免会遇到各种计划外的问题。

其次，确定生涯目标。既然是职业生涯规划，就一定要为员工设置一个明确的发展目标，目标才是职业生涯规划的关键。

1. 职业选择

职业是员工工作的根本，不论是在一个公司内轮岗，还是跳槽到多个公司，员工都要对自己所从事的职业有一个明确的认识。该职业在公司内部处于什么位置？该职业的发展前途又是怎样的？这些都是我们在帮助员工进行职业选择时所要提醒其考虑的。

2. 职业生涯路线选择

决定了自己职业生涯的起点，我们就要帮助员工决定发展前行的路线。每个职业都有着不同的发展路线，一般来说，我们可以将其分为技术类和管理类，员工可以选择工作技能专精或是成为管理人员。管理者在参与中应结合公司人才需求对员工做出指引。

再次，规划职业生涯。需要明确的是，员工的职业生涯规划一定程度上是受年龄影响的。年轻员工并不急于制定明确的职业生涯规划，他们乐于接受更多的培训、经历更多的岗位，再做出合适的选择。中年员工则渴求着在自己的职业生涯路线上得到进一步发展，在规划职业生涯时，他们更关注晋升和薪资增长。对于老资格的员工而言，他们的职业生涯目标大多已经实现，公司应该为他们安排更多新鲜的任务，以增强其工作活力。

最后，评估生涯规划。职业生涯规划不是一成不变的，管理者要对员工在工作中的表现做出评估，并帮助员工实时调整生涯规划，以避免职业生涯规划成为员工自我发展的桎梏。

用民主决策制达成目标

很多管理者会抱怨，"我熬了几个晚上，才完善了这个方案，可是发布下去，根本就没有员工执行"。这时候，我们不能责怪下属执行力缺失，而应该自省在目标制定过程中是否采取了民主决策方法。

民主决策制的实施，可以充分调动员工的参与热情，是对目标成功达成的有力保证。不同于沟通交流中的意见表达，民主决策是让员工直接参与到决策过程中。员工都愿意参与公司决策，因为这样的话自己不仅仅是一个"信息上交者"，更是实实在在的"决策者"。对于他们来说，工作内容是自己参与决策制定的，不是简单地听令行事，所以没有理由做不好。

通过民主决策制，每个员工都会积极地进行自我挖掘，更加努力地工作，公司的凝聚力可以得到空前的增强。

通用电气无疑是世界上非常成功的企业之一，民主决策制在通用电气就得到了充分的应用。前CEO韦尔奇会定期召开一次公司决策研讨会，研讨会的成员并不是固定的，而是公司管理人员从基层员工中选定的40～100名员工，并将其进行简单的分组。在为期三天的研讨会中，韦尔奇首先会公布会议的主要议题，之后是员工的自由发挥时间。在研讨会的第三天，每个研讨小组都需要公开阐述本小组的研讨成果。

韦尔奇则当场对其方案进行评定，同意或是否定，对于有创意而不完善的方案，韦尔奇会建议其进一步完善后再提交上来。

正是因为这样的民主决策制度，通用电气的每个员工都会在日常工作中，积极寻找需要改善的地方。通用电气公司的一位主管曾对此评价道："我实在想不出，还有什么能比民主决策更能提高员工积极性的了。"

那么，如何利用民主决策的方法制定目标呢？大概需要三个步骤：

首先，决策前讨论。任何一个决策在制定前，都要将相关部门和员工集中起来，进行一次彻底的头脑风暴。决策前讨论的意义在于，由于员工之间的理念差异，决策很可能会涉及一些原则性的问题，并引发较大的争议。所以应在决策前通过讨论解决，以避免其对决策的影响。

其次，决策中讨论。每个决策都会涉及多个单元，初步的方案不可能考虑到所有的细节性问题。鼓励员工参与到决策中来，可以在决策制定阶段，就将这些问题"扼杀在摇篮里"。通过对决策执行细节的讨论，将各单元的意见统一起来，从而为决策的实施铺平道路。

最后，决策后讨论。决策制定之后，我们就需要考虑决策的执行问题。为了规避执行力不足的问题，在决策制定之后，对各部门各员工的职责进行明确的分工，从而使决策可以得到高效的执行。

公司愿景目标的设立不可能是完美的。在经营活动过程中，需要不断对目标进行改善，改善的过程也需要全体员工参与，通常可以采取会议或活动的形式。作为管理者，应该多多开展目标改善建议的会议或活动，同时建立一套合理化建议制度。

在丰田公司，他们将合理化建议制度称作"创造性思考制度"。丰田公司内部一直以"好主意，好产品"作为文化理念。他们相信，只有发挥全体员工的智慧，才能制造出更加物美价廉的产品，从而赢得消费者的喜爱。

　　丰田公司会定期开展员工会议，并不间断地举办各种现场建议活动，为员工提供尽量多的建议途径，达成改善公司目标的目的。员工所提的建议也会尽快被提交到管理层以及相关部门，经过审核调查之后，对于有效的建议，丰田也会给予相应的奖励。作为一种制度，从公司成立之初丰田的创造性思考制度就一直实行至今。

　　合理化建议制度的实施，可以有效改善公司目标。作为一个制度，其必然是适用于全体员工的，每个员工或团队都可以通过这一制度向管理层提交建议。在丰田只要是好的建议，都会得到管理层充分的重视。开展目标改善活动必须有其规律性，也就是说，公司应该定期开展相关活动，将合理化建议作为一种长期实行的制度。最重要的是，合理化建议制度的实施，能最大限度地鼓励员工参与到公司管理中来，在这种直接参与中，员工与管理层的联系更加紧密，管理者可以最大限度地对公司目标进行改善。

　　在民主决策制定和改善中，要怎么做才能实现真正的决策民主呢？主要需要注意以下两点：

　　第一，认真倾听。员工工作在第一线，对公司发展战略的认识更加直观。管理者通常只能从业绩报表上对战略实施情况有一个宏观上的认识，而对于微观上有哪些问题值得纠正则缺乏了解。因此，管理者必须认真倾听员工的建议，以对公司战略目标进行改善。

　　第二，广泛参与。合理化建议制度的成功之处在于，可以保证全体员工都有机会参与进来，每个员工都可以找到渠道提交自己的建议。"兼听则明，偏信则暗"，管理者若能听到所有员工的想法，就能最彻底、最全面地了解到自己该从哪些方面改善目标。

第四章

榜样激励

做员工最信赖的榜样

榜样的力量是无穷的，榜样的树立对于员工激励有着积极的作用。树立什么样的人做榜样，鼓励什么样的行为方式，既关系到企业的价值观念和文化建设，也关系到员工的激励与管理。榜样激励对员工有很强的激励效应，对落后员工是压力，对积极员工是挑战。在一个公司中，管理者是员工最大的榜样。他们通常是员工追随和效仿的楷模。因为他们的一言一行，都对员工有着极强的影响力。

对于管理者与员工的关系，柳传志曾经做过一个形象的比喻，他说："管理者和员工就像是 1 和 0，管理者就是那个 1，即使员工能力再强，如果没有 1 的身体力行，员工也无法将工作能力融入实际工作中去。"管理者作为员工的模仿对象，就应严于自律，只有这样才能在员工中塑造信服力和影响力，才能对员工起到榜样激励作用。纵观国内外的诸多成功企业，其管理者无一不是以身作则、身体力行的榜样。

雅诗·兰黛化妆品公司的创始人对公司工作的热情令人惊叹，一直到她 80 岁的时候，还把每天十几个小时的时间奉献给自己的工作。雅诗·兰黛也被称为"化妆品皇后"，她的工作热情也带领雅诗·兰黛成为当今化妆品行业的龙头品牌。

马云每天的工作时间多达 12 ~ 16 个小时，可以说，除了必要的睡眠时间，马云都在忙着公司的事。员工自然看在眼里、记在心里，阿里巴巴就这样用淘宝、支付宝一步步占据了中国的网购市场。

日本经济界领袖人物土光敏夫有一句名言："领导自己全力以赴地工作，就是对员工最好的教育。员工付出三倍的努力，领导就要付出十倍努力。"如果想让员工积极工作，自己的工作热情就要提到最高。管理者首先要做到自我管理，才能管好员工。正所谓，言传不如身教。管理者必须成为员工的榜样，不光是让员工"照自己说的去做"，更要让员工"照自己做的去做"。

松下电器创始人松下幸之助一直是员工眼中的"明星管理者"。有一次，他来到车间巡查，松下能够成为全球知名的电器制造商，其车间生产一直为管理者们所称道。来到车间后，松下幸之助看到员工们正在有条不紊地工作着。临走前，他弯腰在地上捡起了一片纸屑，将它扔到垃圾篓里，然后拍拍手走了。

管理者行为准则的树立，是让员工有效追随的保证。管理者以自身行为确立行为准则，可以最大限度地实现榜样的力量。只有管理者真正去做，员工才更有动力去追随。松下幸之助没有制定准则要求车间不能有纸屑的存在，但他捡纸屑的行为却让员工认识到了工作必须一丝不苟。就是这样一件小事，让松下的员工们在日后的工作中更加仔细，严谨的生产操作也成为其产品的质量保证。

在联想有这样一个规定，只要在会议上迟到的员工，不管是谁，都要罚站一分钟。而第一个被罚站的员工就是柳传志的老上司，做出这次处罚，柳传志很是不安，这位老上司也很是尴尬。最后，柳传志对这位老上司说："您先在这里站一分钟，过段时间，我到您家给你站十分钟。"就是这样，这个规定就在联想被彻底执行了下去，即使是柳传志自己，也被罚站过三次。

柳传志对于公司管理者还有一个近乎严苛的规定，"凡是管理者的子女，都不能进入联想公司工作"。柳传志担心管理者子女进入公司之后，再互相"联姻"，最后组成一个庞大的利益集团，而使联想缺乏创新的活力。柳传志是这么规定的，也是这么做的。柳传志的儿子毕业于计算机专业，可谓是专业对口、技术世家，可是柳传志却不准他进入联想工作。

作为员工的学习榜样，如果管理者不想员工做某些事，自己必然不能去做；只有管理者对于公司规章制度身体力行，才能引起员工的重视。如果制定者都不能很好地执行，员工自然不会落实下去，规章制度就是一纸空文。柳传志从来不会将自己特殊化，所有的制度制定出来，柳传志都会以身作则，员工自然也都会遵守。

作为员工最信任的榜样，管理者该如何自我管理、自我提高，才能真正在员工中树立威信，让员工信服并激励员工以自己为榜样，努力工作忠于企业呢？

第一，提高人格魅力。管理者要成为员工的追随动力，首先需要具备一定的人格魅力。人格魅力正在于管理者的人品如何。我们在管理员工时，应尽量做到公正、正直，以公司利益为先。勤俭节约、注重沟通、能够满足员工情感需求的管理者，才能真正成为一个具备影响力的管理者。

第二，提高学习力。管理者处于比员工更高层级的地位，其学习力要强于基层员工，学习力主要体现在学习内容和速度上，管理者要能够更快、更全面地学习新文化、新制度、新科技，从而提升自己的领导力。

第三，提升执行力。管理者必须明确的一点是，想要员工怎么做，自己就应当带头做到。管理者必须能够做到身体力行，以言传身教的方式带领公司走向成功。管理者对自己所说的应该第一个去执行。当管理者能够贯彻执行自己所说的一切时，员工的工作热情就会得到极大提升。作为管理者，如果不能以身作则，就不能让员工信服，自然无法得到员工的信赖和认可。

第四，点燃热情之火。管理者的热情是对公司高效运行的最大保证，在众多成功的管理者中，我们很难见到对工作冷漠的人。管理者作为员工的模仿对象，其工作态度决定了员工的工作态度。我们不能期望于自己舒服放大假的时候，员工还能保持应有的工作热情。记住一点，员工对工作的激情直接源于管理者对工作的热情。

发挥高精尖人才的"鲇鱼效应"

挪威人爱吃沙丁鱼，但是当渔民将捕捞的沙丁鱼运回港口时，发现大多数沙丁鱼已经死了，死鱼卖不上价，怎么办呢？聪明的渔民想出了一个办法，那就是将鲇鱼与沙丁鱼放在一起。每当渔民出海捕鱼时，总先准备几条活跃的鲇鱼，等把捕获的沙丁鱼放入水槽后，紧接着放入鲇鱼。鲇鱼充满活力，四处游动，偶尔追杀沙丁鱼，沙丁鱼因为鲇鱼的追赶而高度紧张，于是四处逃窜，把整槽鱼搅得上下浮动，水里氧气充足，由此保证了沙丁鱼能够活蹦乱跳地被运回渔港。

捕鱼如此，管理亦是如此。在企业管理中我们常会发现，任何一家企业，如果长期固定使用一批员工，就会缺乏新鲜感和活力，员工容易产生惰性、厌倦、倚老卖老等不良现象，组织内部也会出现人浮于事、缺乏效率等情况。这时候，可以运用鲇鱼效应，即引进一些个人素质高、业务能力强、个人感召力大的高精尖人才，让他们在组织中拥有一定范围的权力。他们就好比上面故事中的"鲇鱼"，公司其他员工就好比"沙丁鱼"。新官上任，通过"鲇鱼"榜样的力量带动和激励组织中的其他人员，公司上下的"沙丁鱼"们会立刻产生紧张感，企业自然就会充满勃勃生机。

人才的引进，一方面威胁到了原有人员的利益和地位，调动了原有人员的工作积极性。"你看新主管工作速度多快啊！""我们也加紧干吧，不然要被炒鱿鱼了。"这样，通过展示"鲇鱼"的积极性和主动性，带动和刺激整个组织的其他人员，克服惰性和懈怠，从而在组织内部形成一个人人向上的良好竞争氛围。另一方面，可以带来先进的管理经验和专业技术，使组织的管理水平和技术水平快速提高。整个公司的工作效率也会水涨船高，企业的竞争力和凝聚力也就形成了。

日本企业对管理人的工作颇为重视，以有效的管理人工作促进企业的经营成功。三泽住宅公司原来经营停滞不前，其生产的机械设备卖不出去。后来，三泽住宅公司根据鲇鱼效应原理，从外部中途聘用一些精明能干、思维敏捷的 25 至 35 岁的生力军。为了充分发挥这种促进效应，公司甚至着意聘请常务董事一级的"大鲇鱼"，让全公司上下的"沙丁鱼"都有"触电"的感觉，这样何愁整个公司不生机勃勃呢！

现在，三泽住宅公司的鲇鱼效应管理法在日本普遍推广了。对此，该公司的创立者三泽千代治解释说："其实用人与捕鱼是一个道理，网罗到人才只是一个初期的目标，如何用活、如何活用，才是一个最重要的问题。一个公司，如果人员长期固定，就缺乏了新鲜感和活力，容易产生惰性。因此有必要找些'鲇鱼'，制造一种紧张气氛，这样，企业自然而然就生机勃勃了。"

在这种激烈竞争中，管理者通过鲇鱼效应，可以用优秀员工的热情激发其他员工的热情和活力。鲇鱼效应的第一个作用表现为带动作用。因为那些"鲇鱼"有着较高的个人素质、较强的业务能力和较强的个人感召力，周围的人群总是在关注着他们，不管他们手中有没有权力，他们的积极性、主动性都会通过言行影响和感化周围的人，让人们在不知不觉中去仿效并追随。

鲇鱼效应的第二个作用表现为刺激作用。"鲇鱼"的活动能力会打破现有的平衡，他们的积极向上、领导对他们的关注和支持以及他们待遇上的巨大变化,会给周围的人群带来压力,会刺激周围人群的自尊心,在"你能我也能"的强烈意识支配下,只要管理者引导得当,公司里就会出现"比、学、赶、超"的良好局面。

总之,鲇鱼效应可以调动大家的积极因素。企业引进人才后,会使原有组织内的人受到震动,感到紧张,促使他们积极发挥自身潜能,增强进取心。此外,企业引进的优秀人才多了,被引进的人才之间还会相互展开竞争,进一步提高员工间的竞争和压力,展现活力,使之更好地为企业的发展服务。

一个企业组织的成员通常由三种人组成:一是不可缺少的高精尖人才;二是以公司为家辛勤工作的人才;三是终日东游西荡、拖企业后腿的落后人员。如何使用这三种人呢?

企业要保持旺盛的斗志,就要及时增加生力军,不断更新人员。在引进外来竞争时,需要注意以下几点:

第一,引进高级人才。有些领导总希望公司里风平浪静才好,对人员的任用也总认为旧部下用着顺手,长期如此会导致企业缺乏活力。企业要想激励现有人才的积极性,就要不断引进各种高级管理人才和高级技术人才,这样才能快速提高管理水平和技术水平,保持企业的高效运转。

第二,淘汰落后员工。如果员工不思进取,就要敢于及时淘汰他们。通过这种淘汰机制给了全体员工充分的紧迫感,也给了他们充足的动力,同时还为企业注入了活力。

第三,将"铁饭碗"变成"泥饭碗"。管理者不妨明确告诉员工,不努力就会没饭吃,员工自然会加倍努力改善产品或服务质量,并努力降低成本以增强竞争力。这也是企业引入外来竞争的应有之意。

以身边的人和事作为榜样

榜样通常有两种，一种是精神榜样，另一种是现实榜样。一般说来，树立精神榜样比较容易，这些人有特殊性，与普通人差别巨大，属于不平凡的人。由于历史上和文化上的原因，我们很喜欢树立精神榜样，希望用觉悟高的人来影响觉悟低的人，而忽视现实榜样的力量。

与精神榜样不一样，现实的榜样则是那些凡人，那些出色的但是又务实的普通员工。他们工作认真、富有成效，是同行中的佼佼者，给企业做出了巨大的贡献，也是其他人公认的优秀员工。这些人既看重长期利益，也兼顾短期利益，不想牺牲眼前利益，来换取并不确定的长远利益。他们追求的是与企业共同发展，并得到合理的回报。这些人心态比较平和，目标比较现实，是企业依靠的中坚力量。

如果管理者能够建立起科学、合理、引人的参照系，就会把人们的行为导向组织目标的实现。榜样不是僵死的样板，也不是十全十美的圣贤，而是从人们的群体行为中孕育、成长起来的，被群体公认为思想进步、品格高尚、工作出色的人。只有这样的榜样，才能被普通员工信服，因而具有较强的激励性。这些榜样可以是公司外部的竞争对手，也可以存在于公司内部。比如，公司一共有三条流水线，总会有一条流水线无论在质量、产量或工期方面都是第一，其他两条生产线就可以以它为榜样；部门与部门之间也是一样的，比如某个部门的费用控制刚好是在企业标准费用 95% 之内，另外几个超标的部门就可以以之为导向。

小刘初进松下的时候，公司规定了一个星期的见习期，见习完之后，要写一篇报告。而小刘则是每天写一份报告，也就是说每天手写二三十页，他用复写纸一式两份，一份交给人事处，另一份交给见习单位的负责人。写报告的目的，倒不完全是表现写作才华，而是希望上司给自己一个回馈；同时，也希望自己作为一个新进来的人，从第三方的角度给公司一些帮助。

一个星期之后，小刘觉得学到的东西远远不够，于是就向单位申请，要求再见习。一个月后，他觉得还不够，又一口气实习了三个月。实习的效果非常好，几乎每一道工序他都动手实践过。

经过见习期和试用期，小刘成为正式员工。当时的人事处处长号召员工都向小刘学习，学习他认真负责的精神。两年以后，小刘当上了代理处长，这在松下是前所未有的，通常，员工到达这个职位需要十年左右的时间。跟小刘一起进厂的人，看到他这么成功，就会反思：我也不比小刘差，刚进来的时候，我们差不了多少，为什么现在我还是一个专员，他却能做到那个职位？于是，他们以小刘为榜样，学习小刘的优点，分析自身不足，更加努力地工作，希望自己迎头赶上。

以自己身边的人和事作为榜样，往往激励效果明显。因为，员工与他们的心理差距小，较为了解其成功的过程，容易产生赶超的信心。除了公司里自动涌现出来的榜样，管理者还可以通过在公司定期组织相关活动，评出公司的明星员工。明星员工可以通过月评、季度评产生，但不能轮流"坐庄"，否则就达不到预期的积极作用。

麦当劳的明星大赛，具体的规则是每个店要选出自己店中岗位的第一名，麦当劳员工的工作站有十几个，每个店的第一名代表本店参加区域比赛，区域中的第一名再一起参加公司的决赛。

整个比赛都是严格按照麦当劳每个岗位的工作程序来评定的，公司中最资深的管理层成员作为裁判，他们秉公执法，代表整个公司站在前景的角度进行评估。竞赛期间，员工们都是早到晚走，积极训练，因为如果能够通过全明星大赛脱颖而出，他的个人成长会有一个基本的保障，也奠定了他今后职业发展的基础。

到发奖那一天，公司中重量级的人物都要参加颁奖大会，所有的店长都期盼奇迹能出现在自己的店中。很多员工在得到这个奖励后非常激动，其实奖金也就相当于一个月的工资，但由此而获得的荣誉非常大。

像麦当劳举行的全明星大赛这种榜样式激励，规则简单易行，评比公正透明，通过广大员工的积极参与评出的明星员工，都是其他员工朝夕相处的同事。他们获得了公司的荣誉，领导亲自颁奖，又得到相当数量的奖金，这对于其他员工的激励效果是非常大的。

以身边的人和事作为榜样进行员工激励时，应注意以下几点：

第一，要树立不同层次的榜样。社会是复杂的，人的成长道路也是多种多样的。因此树立榜样，不能搞一花独放，而应搞"群芳谱"。不同类型的人需要不同的榜样来激励和引路。比如，失足者需要"浪子回头金不换"的榜样；苦闷彷徨者需要"化忧愁为力量"的榜样；决心走自学道路的青年更钦佩那些自学成才、脱颖而出的典型等。思想工作者应当善于树立不同层次和不同类型的榜样，让不同类型的人在盛开先进之花的"百花园"中，找到适合于自己学习和仿效的榜样，这样才能发挥榜样的激励作用。

第二，要树立真实的榜样。榜样的生命力在于真实。好榜样不能虚构先进事迹，不能任意拔高，不能一好百好。如果榜样不真实，比没有榜样的效果还要坏。因为把假的东西拿来做先进榜样，一旦被戳穿，人们对真榜样也要怀疑三分了，这叫"假作真时真亦假，无到有处有还无"。因此搞假榜样，除了会引发员工的逆反心理外，不会有任何益处。另外，那种仅凭管理者的好恶，人为硬性拼凑、拔高的榜样，也会引起员工的反感，挫伤他们工作的积极性。

第三，引导员工正确对待榜样。古话说"金无足赤，人无完人"，要一分为二地看待榜样，学其所长，正确对待其短，不能求全责备，横挑鼻子竖挑眼。既要防止机械式地学习、形式主义地模仿，又要防止因榜样有某些不足之处而否定榜样。关键是，要分析榜样形成的条件和成长过程，为员工指明赶超榜样的途径。

第四，要关心榜样的成长。要学习榜样，还要保护榜样，帮助榜样不断进步。对那些中伤打击榜样的错误言行要进行批评教育，防止狭隘和嫉妒心理的产生。

请榜样人物做演讲

榜样并不是处处优秀的人，我们应该从平凡中找出优秀。只要员工在某方面表现突出，就可以将其作为榜样，在公司内部进行宣传，比如，采购部门里使成品库存成本降低、食堂里饭菜质量和服务质量的提高等事件，都可以请出幕后的管理者来介绍经验。让其他员工借鉴效仿，也让榜样的力量无限传递。

老张做企业也有二十年了，刚起步那会儿，他的公司只有十几个人，发展到今天，已经有小一万名员工了。

公司生产部主管是随着公司一起成长的元老，随着公司发展到这么大规模，这位主管在工作上感觉越来越力不从心了。他的管理能力已经跟不上企业发展的脚步，如果继续担任现有职位，会阻碍部门的发展，甚至影响公司的发展。但老张又不忍心辞退他。毕竟，他也跟公司一起同甘共苦二十年了。在这二十年的工作中，他不计回报地付出、一丝不苟地工作，忠于公司、忠于客户，是值得称道、值得学习的。

老张不想公司的元老就这么被公司淘汰，于是想到了一个好办法，那就是让主管去培训部做内部培训师，专门为基层员工进行各种培训。因为老张发现这位主管是一个很好的演讲者，他本身又是忠于公司、尽职尽责的好榜样，那么让他给员工做培训再合适不过了。

在给员工的一次培训中，这位主管以自己为例子，进行了现身说法："我们公司现在有将近一万名员工，各部门的管理职位都没有空缺了。但是，在明年、后年的这个时候，会需要更多的经理。在座的各位，我们的经理，就有可能从你们当中产生。公司会从你们当中选出最优秀的员工，他必须是对市场最了解的、对公司最忠诚的、对工作最热情的，而要想脱颖而出，就要靠你们自己的努力！就像我一样，我也是从一个普通的工人一步步成长起来的，努力到今天。"

新员工对于公司的了解不深入，为了让新员工得到一个直观的了解，可以采取培训的方式，让榜样员工从一个更加全面的角度为员工进行"自我介绍"。这种培训通常从公司的历史开始，介绍公司的现状、未来规划，以及个人在其中发挥的作用，以激励新员工向榜样员工学习。还可以请来优秀员工，就某一方面、某个项目向新员工介绍经验，这样就可以起到很好的激励作用。老张将这位主管作为榜样在公司中进行宣传，以他二十年的工作经历激励员工努力工作。一方面，对这位主管来讲，是对他过往工作的认可，可以起到激励主管的作用；另一方面，主管的现身说法，对身边的同事也是一种榜样激励。

当然，公开表扬、荣誉墙等形式可以让榜样员工受到激励，也可以让基层员工对其有个大致的了解。但随着时间的推移，榜样员工会逐渐被员工所淡忘。要想让榜样的力量经久不衰，除了让榜样人物为新员工做培训，还可以采用常见的报告会形式。工作报告是对榜样力量的有效宣传，榜样员工的亲身经历和感悟可以帮助员工更加直观地了解榜样的行为方式，继而进行学习和效仿。

不管是做培训，还是做报告，都既是一种良好的学习交流方式，又是一

种有效的激励方式,通过让榜样员工"说"出来,通过演讲的形式激励其他员工。在请榜样员工做演讲时,要注意以下几点:

第一,榜样员工的选取范围可以广泛。无论员工在哪方面有突出的表现,工作能力突出、工作态度良好、工作经验丰富,这些都是员工走向成功的必备要素,管理者可以让榜样员工根据自己的优势做工作报告,以激励基层员工向他们学习。

第二,定期请榜样人物做演讲。公司需要定期举办榜样人物报告会或者请榜样人物做培训,这样不仅可以以榜样员工评比促进员工积极工作,还可以保证榜样行为不落后于公司发展。通常来说,可以以一个季度为期限,每次选取三到五名榜样员工。需要注意的是,榜样员工的演讲内容必须具体真实,空泛的报告并不能取得员工的认同。

第三,将榜样员工与普通员工区别开来。我们可以为榜样员工制作特别的工作服、名牌或是其他标志,将榜样员工特殊化,其实是为其贴上一个明显的标签。一方面,个性化的稀有标志,可以激发员工成为榜样的动力;另一方面,将榜样员工特殊化,有利于普通员工对其进行监督,从而保证榜样员工的先进性。

第五章

晋升激励

晋升途径要规范化、平台化

每个人都想拥有一定的社会地位，都想在企业中出人头地。渴望晋升，就是渴望最大限度地释放自己的价值，就是希望能够实现梦想、创造辉煌。大量研究和事实表明，在任何企业、任何时候，晋升都对员工有着深深的吸引力。员工一旦得到提拔，就会感到兴奋、满足、陶醉、自信；同时也满足了员工个人责任感和成就感的需求，他们会心甘情愿做更多；如果员工们努力工作，却不被领导欣赏，或在整个工作中不受重视时，他们的工作热情就会下降，完不成本可以完成的任务，还可能满腹牢骚、消极怠工，甚至做出不利于企业的事情来。

晋升激励就是为员工提供升职的机会，只要晋升激励方法得当，就可以产生积极的导向作用。提拔优秀人才担任较高的职位，一方面可以将优秀人才树立为榜样，用来激励其他员工的士气和干劲，培养向优秀人才看齐的积极向上的企业精神；另一方面，也是留住优秀员工的有效方式，还是吸引更多优秀人才的有效手段。这就是很多管理者都愿意在晋升激励上狠下功夫的原因。特别是对那些勤劳能干、才华出众、忠于职守的员工，领导一旦发现他们，就会十分信任，并在适当的时候给予提拔。而晋升激励最重要的一步就在于晋升途径的规范化。

海底捞就十分重视为员工提供规范化的晋升途径，公司为员工准备了三条晋升途径。但是新员工首先必须经历一个从新员工到合格员工，再到一级员工的发展过程。

第一条途径是管理途径。海底捞的员工要成为管理者，就需要从一级员工一步步发展为优秀员工、领班、大堂经理、分店经理、区域经理、大区总经理，最终成为海底捞的副总经理。

第二条途径是技术途径。作为一个餐饮企业，技术同样是企业发展所必备的。当技术员工成为一级员工后，就需要向"先进员工"的称号努力，通过标兵员工、劳模员工等，一步步成为一名功勋员工。

第三条途径是后勤途径。后勤在海底捞是一个相当广义的概念，其包含了文员、出纳、会计、采购、物流等部门，相关部门的员工在成为先进员工后，就以业务经理为奋斗方向，获取晋升机会。

员工离职的一个重要原因是，晋升途径的缺失。如果公司能够提供一条或几条规范化的晋升途径，员工就会死心塌地地留在公司。规范化的晋升途径，意味着每个员工想要获得更高级别的职位，都要经历这个过程。所以每个人都很明确，自己要想晋升，就要一步步地努力。他们有了确定的目标，就会更加努力地工作。正是这样规范化的晋升途径，海底捞才能获得更多员工的支持。

规范化的晋升必须与平台化的晋升阶梯相结合，这样晋升激励才能达到其应有的效果。晋升阶梯就是告诉员工在其晋升途径上有多少岗位需要经历，只有通过一步步考核，才能实现晋升。每个员工都有自己理想的职位，晋升途径为他们提供了达到这一目标的路，而公司还要告诉员工这条路该怎么走，这就是晋升阶梯的意义。

爱立信就对公司内每个岗位进行了明确的分类，并设计出明确的发展阶梯。公司设置了九个相对独立的职位体系，并在每个职位体系中设置了不同的级别。从员工进入爱立信开始，他们就会进行一次详细的职业规划，公司则会根据职业规划告诉员工，可以晋升到哪个级别，晋升到该级别需要什么样的工作技能。

在爱立信的销售部门，一共有五个级别的设置，从最基础的工作岗位开始，公司对员工的绩效和技能都做了具体的要求，并将之明确告知员工。

而在服务顾问职位，爱立信则设定了六个层级。员工每次晋升，都需要经过上面两个层级的管理者的考核。而到了之后的三个层级，员工的每次晋升都需要经历相当一段时间的考核期。在最高层级的晋升中，员工甚至需要经过全球顶尖的工程师团队的考核。

一个平台化的晋升阶梯，就像是在一条沟渠中打造一个个阶梯，水流在每个阶梯间的流动中保证了活性，员工激励也同样如此。公司必须让员工知道实现晋升的步骤，这样员工在工作中才能做到有的放矢。了解了晋升阶梯，才能一步步达成自己的职业目标。爱立信平台化的晋升阶梯，让员工不断努力提高业务能力，以通过公司设置的考核，并最终实现晋升。

那么，在设置和执行规范、平台化的激励制度时，应该把握好以下几点：

第一，配套齐全。公司首先需要一套齐全的配套措施，包括工作能力测评、阶梯发展标准、工作表现考核等内容。晋升阶梯制度建立之后，公司必须让员工真正了解这一制度。有哪些阶梯？每个阶梯所需技能是什么？需要经历哪些考核？

第二，区别对待。技术人员与管理人员工作性质的不同，使公司不可能在所有方面都对其实现一致化。实际上，公司在资源分配上，要优先考虑技术人员的需求。毕竟，管理人员可以更大程度地享受公司发展的红利，而技术人员才是公司发展的基本动力。

第三，水平历练。轮岗制是水平历练制的通常体现，公司可以为每个员工在直接晋升的基础上，设置一个考察期，让员工在考察期内到各岗位上进行水平历练，以考察结果决定是否晋升该员工。值得注意的是，这里的各岗位必须是员工将要担任的职位下辖或相关的，不相关的职位历练则显得多余。

第四，多途晋升。多途晋升的关键就在于晋升途径的多样化，新员工所任岗位并不一定是其最适合的岗位。工作一段时间后，通过对员工工作能力的评估，管理者帮助员工选择适合的晋升途径，以降低员工的竞争压力和工作压力。比如，技术人员和管理人员可以相互转化。当然，转化的前提在于员工的工作技能达标，公司还需对其转化进行考察以确保其对公司发展有利。原则上来说，高层的员工工作经验更为丰富，不鼓励其相互转化。

晋升标准要合理化、公开化

公司制定了规范化的晋升途径后，就要考虑如何设置一个合理、公开的晋升标准。很多公司空有晋升途径，却缺乏合理的晋升标准，使员工无法感受到晋升的公正、公平、公开。要知道互相猜疑是对工作效率的最大浪费。而建立一套合理化的晋升标准，就要制定一套完善的考核制度并坚持贯彻执行，确保考核成绩在员工晋升中的关键性作用。

晋升最重要的意义在于为公司选拔和激励人才，每个公司都知道以业绩考核确认职位的晋升，但不是每个公司都能建立起一套完善的考核制度，麦当劳在这方面就做得非常好。

麦当劳的员工每个月都需要进行一次全面的业务考核。这项考核的内容包括质量、服务、清洁、劳务管理、训练、书面作业、自我管理、仪容。除此之外，麦当劳还对管理人员的影响力进行全方位的考核，还包括对下属、对客户、对门店以及所提意见的影响力。

在决定对员工是否进行升职时，员工还需要经历自我推荐、公开评价、预先设定目标、事后晤谈、定期评价等在内的一套完整的晋升程序。

值得注意的是，虽然每个麦当劳的中心经理是业务考核的主要考核人，但每个中心的管理人员的评价意见都会得到考虑，而中心经理的评估也会被公布以保证其评估的公正性。

在很多公司，员工只要在其岗位上熬上几年，就可以凭借其资历获得晋升。这在麦当劳不可能发生，每个员工的晋升必然是因为其工作能力的突出。公司为员工进行定期的考核，可以让员工感受到公司的重视。每个员工都知道，没有好的工作表现，就不可能获得晋升机会。所以麦当劳的员工愿意为每次考核成绩的提高而努力，因为只有这样，才能晋升到更高的岗位。

晋升程序的公开化可以有效地保证员工晋升的公平性，晋升是否公平是员工工作积极性高低的重要影响因素。公司如果无法保证晋升程序的公开化，员工就会怀疑晋升过程中是否存在暗箱操作，也会为个别员工钻空子提供机会。所以，一个完善的晋升制度，其程序必须是公开的。

在每家麦当劳餐厅的办公室里，我们都会看到一张大大的布告板，这张布告板上写的并不是"每日工作计划""每日最佳员工"之类的内容，而是每个员工的姓名、职位、考核成绩、工资标准。麦当劳将餐厅员工分为 A 级组长、组长、接待员、见习员，并对员工进行 ABC 三级分级。

每个麦当劳员工的薪资水平都根据其所处职位发放，而其职位又根据其考核成绩而来。麦当劳的每次员工考核都会被公布出来，正是这样的公开化让员工相信，只要努力工作，就会获得职位的晋升和薪酬的提升。

保证晋升激励有效性的关键是晋升程序的公开化。麦当劳的晋升程序本身就保证了其公开的必然性，每次考核成绩的公开，能够最大限度帮助员工进行监督。某员工的考核成绩是否与其职位相匹配，大家都一目了然。另外，公司在设置晋升标准时，同样需要设置降级标准，若员工的表现达到降级标准，就要对其进行降职。通过这种设定，避免员工在其职位上尸位素餐。

影响晋升程序公平性的因素有很多，从行业背景到公司制度，再到程序本身，甚至每个员工的个人因素都会对此产生很大的影响。公司要做到晋升程序的公开化，就需要建立起一套完善的程序制度。一般而言，公司的晋升程序可以参考以下步骤：

首先，公布空缺职位。当公司出现职位空缺时，部门主管就应该对人力资源部进行申报。人力资源部首先要对补充职位的必要性进行评估，并详细描述空缺职位所需的工作技能，归纳总结后，人力资源部就要向经理汇报。一旦经理审核通过，人力资源部就应该发布公告，并开展相应准备工作。

其次，公开竞聘考核。人力资源部首先要对该职位的选拔方案进行公告，其内容主要是对职位的工作内容和能力需求的描述。然后，员工就可以进行竞聘报名，或是由部门主管进行推荐。接下来，人力资源部门就要对竞聘员工进行一系列的考核工作，包括书面考核、能力测试、自我评价、员工评价等。尤其要注意的是，对其他员工及主管的意见的收集。

再次，公布竞聘结果。考核结束后，人力资源部首先对员工考核成绩进行汇总，然后上报给经理。经理审批通过后，就可以向员工下达临时任命通知书，并公布竞聘结果。

最后，试用。员工在竞聘成功后，需要先经历一段试用期。在试用期内，部门主管、员工等都可进行监督评价，人力资源部还需根据其工作表现进行全面的考核。试用期满后，经理根据其考核成绩决定正式任命还是重新竞聘。

晋升永远只对少数员工开放

调查显示，当管理岗位出现空缺时，67%的公司采取内部提升或转岗，2%的公司在人才市场上招聘，1%的公司采用其他途径。当非管理岗位出现空缺时，55%的公司采取内部提升或转岗，45%的公司在人才市场上招聘。其中外资企业采用内部提升制度尤其普遍。其实很多管理者一直主张公司的大部分中层和基层职位空缺都采用晋升制度，这不仅有利于企业建立强有力的凝聚力和激励员工创造更高业绩，也使一些贡献突出、表现优秀的员工获得更大的施展才能的舞台，创造企业和员工双赢的结果。此外，每个企业的产品、流程、文化、市场不同，"空降兵"有一个熟悉和磨合的过程或冲突，采用内部提升可以实现管理的连贯性和延续性，同时节省成本。采用内部晋升制度可谓一举三得。

企业内部晋升是一种卓有成效且必不可少的激励机制。但也不是十全十美。晋升的等级是有限的，晋升的使用会带来管理成本的上升，又要保证高层级员工的精英性，因此获得晋升的永远只是少部分优秀员工。

某企业的李总在运用晋升激励时，就碰到这样的问题。公司里面员工素质都差不多，比较突出的都早已经提拔到管理岗位上去了，剩下的员工呢，要么工作能力不强，要么积极性不高。到底是晋升，还是不晋升呢？员工之间没太大差别，到底要晋升谁呢？

经过点拨，李总终于明白了，既然是晋升，那就一定是对少数的优秀员工开放。既然员工表现不优异，就保留着晋升机会好了。但是，晋升激励作为一种有效的激励方式，也不能弃之不用。于是，大家一起商量出这样一个晋升办法：

第一，公司普通员工，工作半年（不含试用期）之后，就可接受部门经理的审核，评定为优秀者即可晋升；

第二，公司部门经理，工作一年（不含试用期）之后，必须接受总经理的审核，评定为优秀者即可晋升，评定为不合格者则采取降级处理；

第三，因公司需要或员工表现突出，可经总经理批准晋升。

办法公布后不久，李总就惊喜地发现，原本那些积极性不高的员工都更加努力工作，而工作能力有缺陷的也都通过自我学习努力成长。

晋升永远只能对少数人开放，决不能为了激励而晋升。要将晋升的机会留给优秀的员工，如果被晋升的员工缺乏优越性，则是不合理的晋升，其他员工自然不会买账。李总手上虽然有空闲的晋升机会，但他没有轻易使用，因为公司内部没有优秀员工可供晋升。但公司要给予每个员工成为优秀员工的机会。李总为所有员工安排了定期的审核考评，优秀则升、不合格则降，这就最大限度地体现了晋升的激励效果。

既然晋升只能对少数人开放，那么如何决定谁是少数人呢？这一点至关重要。为此，必须引入一套公平、公正、公开的竞争机制，以避免不合理的晋升打击多数人的工作积极性。

作为一家国际性的大公司，一百多年来，宝洁公司始终采取所有的高级员工都从公司内部提升的政策，这是宝洁成功的秘诀之一。员工不必担心公司会从外面招入一个人来做你的上司，他们有足够的空间来描绘自己在宝洁的未来职业发展，而公司提升员工的唯一标准就是员工的能力和贡献。谁为公司提出了一个新的广告创意、谁为公司开辟了一块新的市场，谁就可能获得晋升的机会。

十几年前，宝洁负责广州地区市场的一个推销员业绩做得非常不错，他通过市场调查发现：当地的洗发水有1/4是在发廊里用掉的，如果把这个市场抢过来意义非常重大。于是他便和市区里比较大的发廊老板商谈，他先聘请了一批气质比较好的女孩进行有关洗发水和护肤知识的培训，然后让她们带着公司的产品去发廊里指导洗头，并积极向每位顾客宣传宝洁的产品，而且每位顾客还可以得到一份免费的宝洁产品。一年下来，宝洁的产品不仅成为广州发廊里面的主打产品，那些在发廊里面洗过头的顾客大部分也用上了宝洁的产品。那一年，宝洁公司在广州地区的销售量整整提高了一倍，那位推销员也因此坐上了宝洁某品牌部经理的位置。

将员工的业绩、能力和贡献作为晋升的主要标准，可以消除员工对晋升的疑虑，防止员工看到有人晋升，因为纠结"凭什么""为什么""怎么选出来的"而心生不满，影响工作积极性。当然，除了这个标准，员工的工作态度也非常重要。

日本著名企业家井植薰说："对于一般的职工，我仅要求他们工作八小时。也就是说，只要在上班时间内考虑工作就可以了。对于他们来说，下班之后跨出公司大门，爱干什么就可以干什么。但是，如果你只满足于这样的生活，思想上没有想干十六个小时或者更多的念头，那么你这一辈子可能永远只能是一个一般的职工。否则，你就应当自觉地在上班以外的时间多想想工作，多想想公司。"所有的老板都一样，他们青睐真正能够把公司的事情当作自己的事情来做的员工，这样的职工对工作认真负责，积极地为公司出谋划策，更值得信赖，更容易获得晋升。

晋升激励和薪酬激励不同。只要公司有钱，员工有贡献，管理者就能"无限"地给予员工薪酬激励。晋升激励作为有效的激励手段之一，却限于其职位和层级的有限性，而无法得到广泛运用。况且，晋升不仅仅是一种激励手段，还是公司选拔人才的主要手段。公司要选拔人才，就只能晋升少部分的精英，而普通员工无法得到这种待遇。所以管理者就该另辟蹊径，将晋升作为员工竞争的目标，利用有限性激励员工成为公司的顶级人才。通常来说，可以将以下几种方法结合运用，以实现公司内部的良性竞争。

第一，基于年资的晋升机制。将员工的工作时间作为晋升的衡量标准，有利于避免恶性竞争的产生。而一般来说，员工的工作能力是随着工作时间而增长的。而工作时间作为最公开的一个因素，也不会因为管理者的徇私舞弊，而导致竞争的不公平。当然，工作时间是可以熬出来的，如果将之作为衡量员工晋升条件的主要因素，必然会导致工作能力突出的员工因为工作时间不够而无法得到晋升，工作能力较差的员工却凭借较长的工作时间而获得竞争。因此，我们要在考虑员工年资的基础上，结合员工平时的工作表现，而决定其是否能够得到晋升。

第二，基于绩效的晋升机制。这是大多数管理者乐于采用的考评标准，因为将绩效作为主要标准，必然会让员工在竞争中努力提高业绩，而直接实现公司效益的增长。但我们必须认识到，绩效确实能够很好地体现员工的工作能力和工作态度，但是，员工在当前职位能够取得优异的业绩，并不代表其在更高岗位同样可以做出突出表现。而且，基于绩效的晋升机制会导致员工热衷于短期成效，而这也是恶性竞争产生的直接因素。

第三，基于人际关系的晋升机制。很多管理者会根据员工与自己的关系亲疏而决定是否晋升。不可否认的是，晋升与自己关系较亲密的员工，有利于今后工作中合作的开展，也能够在感情上得到员工的认同和支持。但是，过分依靠人际关系决定晋升人选，则会忽视竞争机制的公正性，员工可能会认为这是管理者的偏袒，从而影响其工作积极性。

别捧杀好"士兵"

拿破仑说："不想当将军的士兵不是好士兵。"一些公司在奖励"好士兵"时，盲目晋升，认为"好士兵"都能成为"元帅"。殊不知，骏马能历险，犁田不如牛；坚车能载重，渡河不如舟。"好士兵"与"好将军"，两者都是术业有专攻，好士兵未必能成为好将军，只有各就各位、龙归大海虎归山，才能显现管理之精妙、组织之高效。

扬长避短是用人的基本方略，其重点在于扬长。因为人的长处决定一个人的价值，扬长不仅可以避短、抑短、补短，而且能够强化人的才干和能力，使其不断成长和发展。所以，用人者就要根据人的特长领域区别任用，以便发挥其长，抑制其短。

老刘是车间的技术革新能手，十几年来为国家节省资金几百万元，其事迹被媒体广泛宣传后，本人被评为"全国劳模"，还被破格晋升为公司副总经理。可是，他既不谙熟公司业务，又缺乏领导能力，下属向他请示工作时，他总是这么几句话："你们看着办吧。""请示某某领导再说。"这样的批示使下属难办，他自己也感到别扭，苦恼于有劲使不出。后来他要求重操旧业，被批准后竟干得有声有色，并又有多项发明申请国家专利。

人的才能各不相同，用其所长，就能充分发挥作用；用非所长，就会埋没才能。人在知识和技能方面的特长具有明显的领域性，一旦离开适应的领域来到不适应的领域，这些知识和技能上的特长就可能变得毫无意义。因此用人时，应把考虑的重点放在人的特长上，要因人而用，不能唯用择人，更不能削足适履，人为地强求人家改变或放弃自身特长，勉强地适应工作。

同样地，激励好士兵并非晋升一条路。一个企业如果能彻底打破薪酬待遇与管理级别、职位高低相挂钩的做法，在每一个职位上创造英雄，就能使"好士兵"得到最好的激励。这个时候，非职务晋升就能起到很好的补充作用。

所谓非职务晋升，其实质就在于提升员工职务名称，而职务内容、所处层级等各方面都不做调整。非职务晋升的激励方法，正在被越来越多的公司肯定并应用。尤其是市场营销和技术研究等岗位，由于管理层较为狭窄，更多的是依靠基层员工的工作。公司需要对员工进行定期的考核，而对于考核达标的员工，如果长期不给予其晋升机会，员工的工作热情和积极性必然受到打击。在这种情况下，公司在确保考核标准完善、结果可信的基础上，对员工进行非职务晋升，就可以有效达到激励员工的目的，并为公司留住员工。因此，非职务晋升是对职务晋升机制的重要补充。

根据前程无忧对于非职务晋升的调查，在1000家被调查的公司中，有787家公司为员工设置了非职务晋升的晋升途径。非职务晋升被应用最多的岗位分别是市场营销和技术研究，比例分别占到54.1%和50.6%。

但在非职务晋升激励法的应用中，仍然存在一些问题：比如57.5%的公司表示在非职务晋升中，考核标准难以执行；近50%的公司表示，非职务晋升的应用缺乏完善的培训支持；虽然有650家公司为员工进行了非职务晋升的培训，但只有8.4的公司培训体系是完善的。公司在具体执行非职务晋升时，应注意以下几点：

第一，建立统一的考核制度。考核制度可以说是非职务晋升应用中的一大难点，很多公司将员工业绩作为考核标准。然而对于后勤部门而言，其工作并不能实现业绩的直接增长。因此，公司需要为员工设置统一的考核制度，以避免考核的不公平，并提高考核的效率。要建立统一的考核制度，首先就要对各部门、各岗位的情况进行评估，对于实在无法统一的部门，则依据评估结果为其设置单独的考核标准，从而确保员工晋升环境的公平性。

第二，相应提升薪酬水平。管理者必须认识到，非职务晋升与职务晋升存在着本质上的不同，非职务晋升说到底只是职务名称的改变，员工的职位层级并没有提升。那么就要提升员工相应的薪酬水平，以确保非职务晋升可以达到预期的激励效果。一般而言，在非职务晋升中，应给予员工 5% ~ 10% 的薪酬增长。

第三，完善制度相关的培训。有时员工并不能理解非职务晋升的存在意义，他们可能认为，公司只是给自己的职务换了个名称，增长了一些薪酬，这和没有晋升有什么区别？为什么不直接加薪？这就需要公司为员工提供完善的制度培训，让员工明确每个职务的工作内容和职责，并了解非职务晋升与加薪的区别。同时，公司要完善自身的非职务晋升制度，将非职务晋升与职务晋升结合在一起。

第六章

培训激励

夯实内部培训基础

今天的市场竞争异常激烈，培训不再是一项奢侈的开支，而是一种必需。在西方国家，人们在观念上已不把培训当作一种成本，而是作为一种投资、一种福利、一种激励，写进了企业经营计划里，用培训凝聚人心、鼓舞士气、激励员工，让他们保持高涨的工作热情，全身心地投入工作。员工在企业里所得到的东西也绝非高额的薪水、优厚的待遇那么简单，与优厚的薪水待遇相比，能够获得丰富的技能培训，不断增长见识，提高技能水平也是衡量知识型员工满意度的重要方面。

由于存在不同的培训对象和不同的培训内容，企业一般采取多种培训方式和方法，以求取得好的成效。这种培训可以通过外部提供，但更多是通过企业内部进行。内部培训是指企业以自身力量对新募员工或原有员工通过各种方式、手段使其在知识、技能、态度等诸方面有所改进，从而达到预期标准的过程。内部培训是企业培训体系中最重要的组成部分，是培训的基石和不可再生力量，在企业管理中起着非常重要的作用。

根据美国培训与开发协会的统计，全美的众多企业仅在2010年就投入了超过1700亿美元在员工培训上，其中，仅通用电气一家的投入就达到了10亿美元。

谷歌能成为全球员工满意度颇高的公司之一，其中一个重要的原因就在于，谷歌能够为员工提供丰富的学习机会。Google EDU 是谷歌最新的一项培训计划，这项计划的实施主要是为了应对 Facebook、Twitter、亚马逊等网络巨头的挑战。这一计划的主旨在于提升员工的紧迫感和关注度，从而使谷歌能够灵活应对竞争对手的竞争手段。Google EDU 为员工提供更丰富的学习机会以激励员工努力工作，从而实现公司利润的增长。

谷歌的每个员工都有机会参与到 Google EDU 的计划中去，从而提高自己的工作技能。事实上，在 Google EDU 实施的一年间，已经有超过一万人接受了培训，要知道，谷歌在全球市场上也只有三万多名员工而已。

谷歌为员工提供的不仅是学习机会，更是高质量的课程内容。谷歌每年都会对课程内容和培训方法做出调整，以适应员工的需求。

越来越多的公司开始为员工提供更多的学习机会，而不仅仅是提高薪酬。在这个多变的市场环境中，公司必须为员工提供丰富的学习机会，这不仅是为了增强员工的应变能力，也是为了提高公司的生存力。对于员工而言，丰富的学习机会是一种有效的激励方式，可以帮助员工更加高效、积极地完成工作任务。对于企业来说，员工提高了技能，能帮助企业更高效地应对市场竞争。可以说，为员工提供学习机会，就是为公司和员工提供一个双赢的机会。

DELL 公司培训销售人员是采取"太太式"内部培训的。所谓"太太式"内部培训就是把销售经理比喻为销售新人的"太太"，销售经理像太太一样不断地在新人耳边唠叨、鼓励，才能让新人形成长期的良好销售习惯，从而让销售培训最终发挥作用。

培训是由培训经理和销售经理一起完成的。销售新人不仅向直线经理汇报，还要向培训经理汇报。培训经理承担技能培训和跟踪、考核职能（每周给销售新人排名，用 E-mail 把排名情况通知他们）。销售经理承担教练和管理职能，通过新人的最终执行，达到提高业绩的目的。

最开始是为期三周的集中培训，由专家讲解销售的过程和技巧，邀请有经验的销售人员来分享经验；接着是每周末召开会议，销售经理与培训经理都参加，检查新人上周进度，讨论分享工作心得，分析新的销售机会，制订下周的销售计划，销售经理与培训经理、新人们一起讨论新人的成长、下一步的走向；最终，"太太"在工作中自觉指导新人运用销售技巧，及时鼓励新人、有效管理新人。

"太太式"培训的效果非常惊人，这一点用数字可以说明：DELL 销售代表每季度平均销售额是 80 万美元，没有"太太式"培训的时候，新人第一季度平均销售额为 20 万美元，经过这样的培训，新人在第一季度的平均业绩达到 56 万美元，远远高于以前销售新人 20 万美元的销售额。

"太太式"内部培训能够帮助新员工快速了解业务流程和工作模式，尽快进入工作状态和融入工作环境。最重要的是，通过内部培训，他们用获得的知识和技巧在较短的时间内为企业创造了业绩，增强了他们的自信心和成就感，也获得了领导和公司的认可。这会极大地增强他们的工作热情，从而在工作中更加努力地工作。

内部培训师通常是企业内部人员，他们是对企业最认同、最拥护的群体，他们将企业精神融入课程，讲解知识，传授技能，为员工解答各类疑难问题。内部培训有两种做法，一种是公司的管理人员作为主讲人，他们根据企业内部的培训资料对员工进行培训；另一种是由专职内部培训师去外面听各种公开课，然后回到企业将所学知识转授给企业内部人员。为了提高内部培训的学习效率，最大限度地帮助员工将所学的知识技能用于提高公司业绩，在具体实施内部培训时，要注意以下三个方面：

第一，营造良好的学习氛围。首先要在公司内部营造一个良好的学习氛围，培养员工的学习意识，提高他们的学习主动性。这样，员工就会自主挖掘学习机会。即使公司不提供专门的培训课程，他们也会向其他员工或管理者学习经验，这样培训课程开展起来也会具有更高的效率。

第二，提高学习内容的实用性。培训激励的最终目的始终在于公司效益的提升，这就要求企业为员工提供的学习内容是有用的。管理者在为员工提供学习机会时，必须有一个明确的目标。员工通过培训可以学到什么？所学知识是否能被应用到工作中去？是否有利于工作效率、公司效益的提升？培训激励正是通过让员工学习到所需的工作技能，并将其应用到工作中去，从而带来公司运营效率和业绩的全面提升。华而不实、不切实际、"假大空"的内容不应该出现在培训课程中。

第三，培训要实时进行更新。正如之前所说，市场是多变的，要应对这一问题，企业就不能为员工提供一成不变的培训。无论是培训内容，还是培训形式，或者是培训激励的手段，都要根据市场和员工需求做出实时的更新。

不同人才要分层次培训

不同层次的人才，工作性质不同，职责和权力也都不同，所以需要针对不同层次的人才，进行有针对性的培训。

对于不同部门、不同层级的员工，肯德基会安排不同的培训计划。比如餐厅服务员的服务沟通培训、餐厅经理的品质管理培训、部门主管的有效管理、人力成本管理培训……

应届毕业生进入肯德基后，需要经历为期三个月的实习期。在这期间，他们的职位为见习助理，受到的是关于餐厅服务的培训。而当他们升级为助理之后，就要接受关于餐厅管理方面的基础课程。等到他们再上升一个台阶，成为餐厅经理时，就会有更多、更高级的管理培训课程。

在肯德基，每个新员工都要参加二百个小时的入职培训，每个经理都要接受管理能力培训和高级知识技能培训，加盟店餐厅经理的这一培训过程甚至会持续二十个星期。

1996 年，肯德基为了开拓中国市场，在中国成立了教育发展中心，专门对全国各门店经理进行培训。这座教育发展中心每年会开设上千次课程，为肯德基培训超过两千名餐厅经理。而且平均每两年，教育发展中心都会根据市场变化对培训教材、培训方式、培训内容等做出详细修改。

肯德基对不同层次的人才安排了不同的培训。比如服务员只需要参加服务沟通等相关课程培训，只有当他们发展到经理级别时，才会接受管理课程的培训。这样的培训更具针对性，员工也更能感受到企业的重视，能学到对自己的工作更有帮助的知识技能，满足他们对自我提高的要求；然后利用这些技能做出工作成绩，就会激发他们更大的工作热情和对企业的忠诚度。

很多公司为了节约培训成本，认为既然开展培训了，那么"一个也是培训，两个也是培训，干脆让员工都去参加好了"。而员工也会感到不解："为什么后勤部门也来参加销售部门的培训？为什么服务员要学习做仓储管理？"表面上，这种方法似乎是对培训效率的提升，但是结果呢？这样的培训因为缺乏针对性，所以无法激发员工的学习主动性，会造成培训效益的降低，从而达不到预期的效果。

那么该如何进行分层次的、有针对性的培训呢？先将员工进行妥善的整理归类，再分层次进行培训。在公司内部，我们可以将员工大致分为几个层次，这种划分一般可以从横向和纵向两个角度来进行。横向即按照员工职责、部门进行划分，纵向则是根据员工工作时间、职位级别进行划分。在具体划分时，可以参考以下层级标准：

第一，经理或管理者。公司经理作为公司的管理者，决策、方案、计划等通常都需要他们拍板决定。这就要求公司经理在工作中更具理性，"拍脑袋决策"是不可取的。由于公司经理所承担的责任、拥有的权力都相对较大，就需要对其进行特别的培训，以保证其工作能力、知识技能甚至是情感态度能够满足公司发展的需要。

一般而言，对于公司经理的培训，除了介绍公司既定的发展策略之外，首先要帮助经理提高运用自身能力、经验的效率，其次就在于帮助经理提升对市场、社会等宏观环境的认识水平，还包括对外交际、对内沟通的一些技巧。

第二，基层管理者。基层管理者可以说是公司与基层员工之间的缓冲带，他们既要激励员工贯彻执行公司的策略方针，也要处理好员工之间的工作关系，同时还要完成自身的业务指标。基层管理者通常由基层员工发展而来，他们在管理经验和知识方面都略显薄弱。

当基层员工晋升为基层管理者之后，我们要尽快对其进行管理方面的课程培训，帮助其尽快掌握必备的管理技能。同时，要让基层管理者明白，由于基层管理者与基层员工的职责区别，工作环境和工作方法也都会有很大不同。

第三，专业技术人员。在公司的发展过程中，专业技术人员发挥着不可取代的作用。会计师可以帮助公司进行有效的财务管理，工程师可以帮助车间进行高效的生产操作，宣传师则可以帮助公司开展更有创意的广告策划……

对于专业技术人员的培训，主要可以从两个方面进行：一方面，要结合市场发展，收集各专业领域的理论、实践信息，帮助专业技术人员进行技能更新；另一方面，专业技术人员通常会局限在一个小圈子内，缺乏与其他员工的交流合作，公司应对其团结性和沟通力进行专门的培训。

第四，基层员工。基层员工作为公司的运营主体，是公司发展计划的具体执行者，我们必须对其工作能力、工作态度、工作表现进行持续的关注，并以培训的形式帮助他们在工作上获得更为优异的成绩。

培训基层员工，首先是要让他们了解公司的品牌文化、管理模式、行为准则以及各自的职责要求，其次则是教授他们完成业务必备的工作技能，同时，我们要在培训中激发他们的工作热情。

用交叉培训进行全才式培养

　　零售业员工的高流动率一直是管理者们头痛的问题，根本原因就在于零售业的业务内容较为简单，长期从事单一、机械性的重复工作容易让员工感到厌烦，工作热情也会逐渐降低。职位发展空间相对较小，也不利于以后的发展。在这样的状态下，很多员工会"当一天和尚敲一天钟"，得过且过，消极怠工，这些都会影响员工追求新技术和探索创新的积极性，更不利于企业发展。另外，员工的工作性质固化，也会使管理者在配置人力资源时缺乏灵活性。因此，需要采取合理的培训模式，对员工进行交叉式培训，有利于让员工的工作热情持续高涨。

　　简单来说，交叉培训就是有计划地让员工轮换担任不同工作，让他们接受本职工作以外的培训。这样既能考察员工的长处和弱点，又能培养提高他们从事多种工作的能力。这种培训方法简单，作用却不少。主要表现在以下几个方面：

　　第一，提升员工工作能力。员工在能够熟练地完成本职工作后，就有机会参与其他部门的岗位培训，最终员工能学到企业各个系统的工作技能。这样相对全面的员工培训方式，必然能带来员工工作能力的全面提升，而不是将员工的工作潜能浪费在重复性的单调工作中。

　　第二，提高员工积极性。很多员工选择离职，是因为在某一职位长期滞留，看不到更进一步的希望。这往往是因为员工工作能力与公司需求不一致，管理者可以通过交叉培训的方式为员工提供一个向上发展的机会，让他们的工作内容更加丰富，对公司的了解也更加全面和深入，会以更积极的态度和视角来对待工作。

第三，降低员工利益冲突。由于工作性质的差别，不同部门所能实现的效益也就不同，其最终所能得到的报酬也存在差别。这就造成了员工之间的利益冲突，有的员工会认为：我在那个职位取得的业绩并不比别人差，凭什么工资比别人低那么多。交叉培训就很好地解决了这一问题，既然员工有这种想法，我们就真的让他到其他岗位去试试。

第四，优化人力资源配置。在进行人力资源配置时，管理者常常会发现这样的问题：销售部门的员工太多了，后勤部门却只有一两个员工，要招聘后勤人员，却也不能无故辞退销售人员。交叉式培训能够实现不同部门员工之间的有效转化，为企业节省了一笔不小的开支。

第五，提高公司运营效率。通过交叉式培训，员工可以对不同部门的工作模式有个直观的了解，能够更有效地配合其他部门展开行动。如果财务人员到各生产部门进行过学习培训，就能够在回到财务岗位后，对资金进行更有效的分配，从而提升资金使用率，提高公司运营效率。

沃尔玛能够成为世界级的零售业巨头，正在于其交叉式培训很好地解决了零售业的这一缺陷。在沃尔玛，员工不只接受本部门的培训，在本职业务娴熟之后，他们会被安排到其他部门学习。接受培训上岗之后，员工又可以接受另一个新职位的培训。就是在这种交叉培训中，沃尔玛的员工几乎人人都成了"全能型人才"。

在沃尔玛，有一个独特的管理模式叫作"飞鹰行动"。沃尔玛一直深受消费者喜爱，每到周末，沃尔玛都会挤满了前来购物的消费者，到了圣诞、元旦的时候，人就更多了。每到这个时候，其他零售企业都会为销售业绩的大幅提升感到开心，同时也会为收银人手的不足感到无奈。沃尔玛则不同，为了减少消费者排队结账的时间，每到消费旺季，沃尔玛非前台的员工都可以到收银柜台临时担当收银员的角色，这为消费者带来了极大的便利。

零售业的发展更多依靠基层员工的服务，对于管理人员和技术人员的需求并不多。每个员工都希望从工作中获得激情，但零售业单调的工作往往让员工的激情在每天的重复中日渐磨灭。交叉培训的一个重要作用就是，从很大程度上解决了工作内容单调的问题。沃尔玛以交叉培训的方式，提供给员工不断尝试不同性质工作的机会，这样员工的工作热情就会得到维持。同时，还为员工提供了进入其他部门发展的机会，而全才式的培养方式也为员工进入管理层奠定了基础。所以，交叉培训的使用，对于企业，尤其是零售企业的工作效率有着极大的提升作用。

鼓励员工自我培训

作为一种激励手段，培训对员工保持持久的工作热情和提高工作能力是非常必要的。但是，企业资源毕竟有限，甚至有些企业不具备培训的能力，无法组织有效的培训。要想达到完全意义上的自我提升，离不开员工每日的自省、自励和自主学习。为此，企业必须不断强化员工的自我培训，为员工提供可供学习和进步的空间与时间，帮助员工在自我教育与训练中获得提高和发展，达到自我充电的目的和培训的效果。

自我培训的根本含义是激发员工自我学习、自我追求、自我超越的动机，这也是一种激励。要想真正实现员工的自我培训，企业必须全面做好各方面的准备，建立健全培训激励机制，从制度上对员工的自我培训进行激励。例如，对员工的技能改进、学业晋升实施奖励，对技能水平达到一定高度的员工进行晋升，通过各种形式的竞赛、活动，对员工的积极表现进行确认和表扬等。

西门子公司特别重视员工的自我培训，在公司每年投入的4亿欧元培训费中，60%用于员工在职培训。西门子员工的在职培训和进修主要有两种形式：西门子管理教程和在职员工再培训计划，其中管理教程培训尤为独特。西门子管理教程分五个级别，各级培训分别以前一级别培训为基础，从第五级别到第一级别所获技能依次提高。

第五级别是针对具有管理潜能的员工。通过管理理论教程的培训提高参与者的自我管理能力和团队建设能力。培训内容有西门子企业文化、自我管理能力、个人发展计划、项目管理、了解及满足客户需求的团队协调技能。

第四级别的培训对象是具有较高潜力的初级管理人员。培训目的是让参与者准备好进行初级管理工作。培训内容包括综合项目的完成、质量及生产效率管理、财务管理、流程管理、组织建设及团队行为、有效的交流和网络化。

最高的第一级别叫作"西门子执行教程培训"。培训对象是已经或者有可能担任重要职位的管理人员。培训目的就是提高领导能力。培训内容也是根据参与者的情况特别安排，一般根据管理学知识和西门子公司业务的需要而制定。

通过参加西门子管理教程培训，公司中正在从事管理工作的员工或有管理潜能的员工得到了学习管理知识和参加管理实践的绝好机会。这些教程提高了参与者管理自己和他人的能力，使他们从跨职能部门交流和跨国知识交换中受益，增强了企业和员工的竞争力，达到了开发员工管理潜能、培训公司管理人才的目的。

培训的最终目的是让员工受益，从而带动企业提高效率，获得高绩效的增长，而实现这个目标，企业就必须充分考虑广大员工的利益需求，让员工在自我培训中获得超越与发展。自我培训的方法很多，企业可以根据自己的实际情况引导员工进行。下面几种方法，可供参考：

第一，周末员工课堂。大多数企业的周六周日是休息日，因此可以专门拿出半天到一天的时间，组织员工学习与研讨。方式有很多，比如组织员工就自己的本职工作谈感受、谈体验，与其他岗位的同事探讨工作的成绩与改进的方法。通过深入交流，强化员工之间的沟通，营造一个积极向上、团结和谐的工作环境。这不仅增长了员工的知识，提高了员工的技能，同事们之间也能多些了解、合作与支持。这是一项一举多得的活动。

第二，鼓励员工深造。我们都有过这样的体验，就是自己所学专业与所从事的工作之间有着很大的差距，存在着很多的专业不对口，有的根本就是转行，半路出家。所以这些人在从事实际工作时，都或多或少地感到了一些压力和力不从心。为了继续保持优势，就必须有针对性地选择根据工作需要又是自己比较薄弱的专业进行充电，使自己多掌握几项技能和本领。企业可以不失时机地出台一些政策，鼓励员工继续深造，对深造的成果进行奖励，形成人人学习、人人上进的良好局面。

第三，利用互联网。这是一个信息爆炸的时代，互联网恰恰是信息传播最广泛、最及时的一个媒介，我们所需要的大量信息都能很便捷地从中获取，如果能很好地利用，将给员工打开一扇通往知识与技能的天窗。

第四，鼓励员工读书。书籍是人类智慧的结晶，是专家经验的总结，也是员工提升自我的好途径。读书的过程其实就是我们和专家对话的过程，是与专家的非正式沟通。在这个沟通过程中，你花了时间与金钱购买了专家的书籍阅读，也购买了专家的知识和经验。在书中，专家会将自己的成功心得和做法向你娓娓道来，你只需认真倾听并信任它、实践它。

在实践中将培训进行到底

培训的效率低是很多管理者头痛的一个问题：培训课程的开展得不到员工的有效参与、培训师不能有效地传授培训内容、员工培训后无法有效地将所学用于实践……大量培训课程的开设不能达到预期的效果，有诸多原因，比如：离开了学校的员工对于课堂培训有抵触情绪，所学知识更新速度太快，没几年就过时了，学习内容过于书面化，不能顺利应用到工作中等，这就造成了培训效率的低下和培训成本的浪费。

加拿大成人学习的全国调查发现，70%的人表示，自己能在工作中学到所需要的知识和技能。所以，转换员工培训的常规模式和思路，重视员工在工作场合中的学习，不要局限于只是通过开设课程来完成培训，已经成为公司进行员工培训的重要途径之一。对此，我们不妨借鉴一下微软的培训方式。

微软并不愿意在课程培训上投入大量的成本，而是将实践作为主要的培训方式。它在对员工的培训中坚持着"7-2-1"的法则，微软七成的培训是通过实践进行的，两成是号召员工向其他员工学习，还有一成则是以课程培训的形式进行。

第一，以老带新。在对新员工的培训中，微软更多采用"以老带新"的方法，所有老员工都必须尽量地解答新员工的疑问，对新员工进行培训是微软每个老员工的义务。这样，新员工就能够及时地获得工作所需的知识，并自主地决定培训内容。在进入工作岗位的初期，新员工可以在老员工的带领下快速地融入工作中去。等到新员工可以熟练地完成基础工作时，就可以进行更复杂的实践培训，并逐渐成为某个项目的负责人。

第二，"蓝碟"午餐会。这是微软的一个特色项目，项目经理会在午餐会上对自己的工作经验进行总结介绍。通过"蓝碟"午餐会的不定期举办，新员工可以就自己一段时间来遇到的问题进行解决。

当然，微软重视在实践中对员工进行培训，但并不排斥传统的培训方式。微软会根据员工的发展需要，而不定时地开设培训班为其进行系统的理论性的培训。通过边工作边培训的模式，员工可以有效地学到自己所需的知识，而管理者也不用担心出现培训成本的浪费。因为，是否接受培训、接受哪方面的培训，都是员工自主选择的，这也最大限度地实现了培训的有效性。

松下幸之助在对公司进行管理时也清晰地认识到，企业的发展依靠的是全体员工的合作，而不是某个个体的超强能力。松下幸之助将公司的经营战略定义为，"集中全体员工智慧去经营"。

正是基于这样的认识，松下在企业发展的同时，建立了多个研修所，并为员工提供多样的教育讲座，从而为员工提供长期的学习机会。仅在日本一地，松下就建立了关西地区职工研修所、奈良职工研修所、东京职工研修所、宇都宫职工研修所等四个研修所，在海外市场，其研修基地更是数不胜数。

松下在招聘新员工时，并不在意其工作经验是否丰富、工作能力是否优秀。新员工的学习态度是松下最为关注的。每个进入松下的员工都会接受长达八个月的实习培训，松下培训激励的高效性正是源于其培训与实践的高度结合，松下相信，让员工在工作中学习，可以带来更明显的结果。

通过在职培训的方式，员工可以更加快速地掌握工作所需技能。在此基础上，辅以知识技能的理论学习，提升员工的综合素质，帮助员工成长为企业发展所需的综合性人才。松下对于员工的培养是一个全面的过程，每个松下员工在培训之后都会形成较高的综合素养，从而带来松下的高效发展。

在工作场所中进行的学习是一种非正式学习，有别于公司的正式培训。这个过程是员工的实践过程，也是他们与公司环境、同事进行互动的过程。对管理者而言，让员工工作是第一位的，学习也是为工作服务。但工作场所和其他同事会对员工产生或多或少的影响，从而影响他们在工作中的学习。让员工在工作实践中学到需要的知识技能，也需要对员工进行管理。具体执行时，可以参考以下几点：

第一，营造和谐轻松的工作环境。既然学习是在工作中进行的，那么员工在练习的时候就难免会犯错误、出问题。为了降低员工的紧张感，鼓励他们大胆实践，增强他们的自信心，管理者就要营造和谐轻松的工作环境，制定一套操作性强的赏罚条例。比如，对员工刚开始几个月在工作中出现的失误可以减轻处罚或者不处罚，而对于在工作中表现突出的员工则应进行及时奖励。

第二，建立友好合作的同事关系。在工作中学习，老员工和新员工的接触互动就会更加频繁。管理者要在公司中建立一种"老带新"的企业文化，营造一种互帮互助、积极向上的氛围。同时，要深入员工进行交流，及时发现员工之间的矛盾和问题，鼓励员工之间的沟通与探讨，帮助员工建立友好的同事关系。

第七章

授权激励

重视权力与人性的假设

领导不是超人，精力都是有限的。一个人只有一双手，每天只有二十四小时，公司里的事情又是千头万绪，如果自己去做所有的事情，累死也做不完。所以，必须通过合理的授权来提高工作效率。通过正确的授权，使自己只处理那些必须由自己处理的事情，如重要问题的决策、人才的使用以及必须由自己出面解决的问题，这样也不至于淹没在日常的琐碎中。

思科公司的总裁约翰·钱伯斯就是善于在放权、授权中掌权的领导人。在所有大企业中，恐怕他是最乐于授权给下属的总裁了。约翰·钱伯斯说："也许我比历史上任何一家企业的总裁都更乐于放权，这使我能够自由地旅行，寻找可能的机会。"

放权的意义不仅于此。当我们给予员工以适当的授权时，员工就会以更高的工作热情，来取得更加优异的成绩，以回报公司对他们的认可。

谷歌在其人力资源管理中，就非常重视人性化管理，赋予所有员工参与公司决策的权力，并设计了多个渠道以实现员工的"行权"需求。

第一个是 Google Cafes。这其实是一种沙龙式的项目，员工可以通过这个项目与团队内部的其他员工或是其他团队展开交流，实现互动。

第二个是 Gmail。谷歌的每个员工都有权向公司领导人发送邮件，这个过程不需要任何中间人的转手。

第三个是 Google Moderator。这是谷歌员工管理中最具创新意义的项目，Google Moderator 是一款每个员工都可以使用的工具。员工可以借助这个工具向公司提问，并在全体员工的投票中，决定是否将其纳入公司决策讨论中。谷歌的员工都可以在工作中选择自己喜欢的项目进行研究，当然，这部分时间最多只能占据员工工作时间的五分之一。

第四个是 TGIF。谷歌每周都会举行一次全体员工会议，在会议上，每个员工都可以就公司任何问题，向所有公司领导人进行提问。

第五个是组织调查。谷歌在员工之间展开调查的频率相当之高，而这些调查的目的并不在于检查员工表现如何，而是调查员工对于管理者的感受怎样。管理者若在调查中评价过低，则需要接受公司的再培训，才能重新上岗，这一培训时间通常在三个月左右。

针对这一系列项目，谷歌管理者鲍勃曾说："我认为，公司文化必须更趋人性化，给予员工改变工作环境的权力，无论是工作氛围、管理模式，还是公司决策，每个员工都能通过自己的努力对其进行改变，这样，员工才能找到努力工作的意义，从而更富工作热情。"可见，公司必须重视权力与人性的假设，这对于员工激励而言尤为重要。

公司要管理员工，首先要将员工作为一个自然人和社会人，了解其必然属性，据此实现对员工的有效激励。人类总是要求拥有快乐，而不是痛苦。每个员工都希望在一个舒适的工作环境中工作，将工作作为一种乐趣而非煎熬。谷歌通过对内部社交联系的培养，促使同事关系向朋友关系转变，让员工在交流中感受工作的乐趣。人类总是要求得到尊重，而不是贬抑。来自管理者的尊重是对员工最有效的激励，谷歌的管理者愿意倾听员工的意见，给员工各种渠道来表达自己的感受，这就为公司营造了一个相互尊重的工作氛围。人类是在追求生存的意义，而不是虚度一生。每个人都希望在工作中实现自身的价值，而不是在虚度光阴中"白拿薪水"。谷歌为员工提供机会，并允许员工使用工作时间寻找工作的意义所在。

管理者要对员工授权实行有效的管理，给予员工得到权力的机会，但也要制约员工利用权力假公济私。在管理学日益发达的今天，可以采取这样几种方式实现授权激励的有效性：

第一，双向认识管理。公司不会对不了解的员工进行授权，而在传统的人性假设管理理论中，管理者通常需要对每个员工都有极高的识别度，以达到用人唯才的目的。然而，由于员工之间的共同点与差异性都十分显著，管理者想要对每个员工都进行客观的评价，就显得十分困难。因此，要采取双向认识的管理模式，不仅要让管理者认识每个员工，还要保证员工对管理者有个直观的了解。管理者可以直接将自己的管理方法、性格特征、工作能力等信息明确告知员工，从而在双向认识的基础上，实现管理者与员工之间的知己知彼。

第二，自助激励管理。一切管理模式都是建立在员工逐利的人性假设之上。在人力资源管理中，不能仅仅关注公司利益的增长，还要确保员工利益的最大化。如果公司对员工的工作动机缺乏了解，所采取的激励方法甚至会牛头不对马嘴。有的员工需要的是物质资源的调动权，公司却给予其人力资源支配权，这种激励虽然也有效果，但员工可能会觉得公司并不了解自己，甚至出现激励的反效果。这时，可以让员工自助激励。公司事先要对激励标准进行详细的规定，员工可以在做出贡献后，选择自己需要的授权，甚至自己设计出一种授权模式。自助激励可以实现授权激励效果的最大化，使员工的工作积极性、创造性、主观性都得到极大的提升。

第三，竞争比较管理。权力的授予是有限的，员工为了自身权力的增长，必然会与其他员工进行竞争。然而，竞争也有良性与恶性之分，公司在制定授权标准时，应该充分考虑授权方法对竞争模式的影响。制定一套完善的授权制度，鼓励员工在良性竞争中获取公司授权，最终实现公司整体的良性发展。

将有效授权与合理监督相结合

为了确保授权工作沿着正常的轨道发展，实现管理者的授权意图，管理者必须对授权工作进行监督和控制。但授权就意味着决策权力的下放，管理者不能随意介入或干涉下属工作，这又是一个矛盾。解决这一矛盾的最有效办法就是，预先建立一个双方都能接受的监督控制程序及标准，将有效授权与合理监督相结合。

很多管理者都不吝授权，但授权之后就真的不管不问了。员工无疑会很感谢管理者的信任，但监督的长期缺失必然会带来权力的滥用，甚至产生严重的后果。20 世纪末期一个授权的失败案例，就使很多管理者对于授权谈虎色变。

1995 年 2 月 27 日，当时世界顶尖的银行之一、有着二百三十三年历史的巴林银行倒闭了。这让很多管理者感到不解，巴林银行分行几乎开遍全世界，4 万名员工的努力、四个子集团的协作，怎么会倒闭呢？

这个金融行业巨头的悲剧都是因为一个人，因为一次授权。李森 28 岁时就成为巴林银行新加坡分行的经理，在他短短三年的期货交易中，一个人的业绩甚至占据了整个银行业绩的半壁江山。对于这样一个表现优异的年轻经理，巴林给出了自己最懊悔不已的授权。出于对市场多变性的考虑，巴林给予了李森先斩后奏的权力，以实现新加坡分行业绩的加速增长。没想到，这次授权带来的却是巴林的跌落深渊。

由于日本经济的迅猛发展，从1994年年底开始，李森就开始在日本股市大力做多，甚至未经请示，就开始进行东亚市场上的套汇衍生金融商品交易，以赚取各交易市场间的差价。这些都可算高风险的投资活动。由于李森的特权，这些投资在风险评估的缺失中开展了。

到了1995年新年，李森所在的新加坡分行就已经购进了价值70亿美元的日经股指期货，并在日本债券和短期利率合同期货市场上做了价值约200亿美元的空头交易。这就意味着，整个巴林银行在不知不觉间被压在了日经指数的赌桌上。

然而，没有谁是真正的"股神"！从1995年1月开始，日经指数出现骤降。为了挽回损失，李森继续大量买进以托住日经指数上升。短短几个月内，李森就已经亏损了10亿美元。要知道，整个巴林银行的储备资金就只有8.6亿美元而已。即使英格兰银行及时伸出了援手，却依然无法挽回巴林银行的衰败。

由此可见，授权不是简单的权力扩大。与员工能力不相配的权力，是达不到提升业绩的效果的。李森作为一个期货交易员，其能力无疑令人惊叹。但这并不意味着，他就有能力成为一个分行经理；更不表示，他的每次决策都能带来收益的增长。单纯的授权模式是巴林银行失败的关键。

员工一旦得到授权，就有完成业务的责任，管理者就要对员工的行权进行监督。管理者的定期检查、员工主动汇报的制度不仅是一种有效的监督形式，更是一种监督的艺术。

沃尔玛作为当今世界非常成功的零售商，最大的成功之处就在于既善于授权，又善于监督。随着沃尔玛在全球市场上的发展壮大，创始人山姆一个人的力量完全是应付不过来的。事实上，在世界众多巨头公司中，管理者无疑是只需要做战略性决策的人。在沃尔玛的不断成长中，大批的管理人才不断进入沃尔玛的团队，而这么多管理者都得到了充分的授权，可以对自己掌管的团队做直接决定。

山姆经常做的一件事，就是驾驶飞机到各个大区的门店中去做监督。授权与监督几乎成了沃尔玛的公司文化。每个沃尔玛的管理者都十分乐意给自己的下属授权，权力就在这种层层下放中，使用率得到了最大化。沃尔玛甚至采取了"店中店"的管理原则，每个管理者负责一个"店"，从大区到城市，从城市区划到单独的门店，每个管理者都是自己"店"的总经理，拥有充分的权限。

沃尔玛使用的监督机制则是信息共享，每个"店"都要将信息与其他"店"充分共享，沃尔玛每个门店的采购成本、物流成本、销售收入都是公开透明的，这就极大地方便了上级管理者的监督控制。有授权就必然有监督，监督是与授权同步产生的。

没有监督的权力，就像脱缰的野马。管理者给予权力却不进行监督，对公司和员工而言，这无疑都是不利的。沃尔玛从来不吝给予员工权力，但员工行权的过程和结果都会被公开，以防权力滥用现象的发生。当然，如果管理者动不动就去检查员工的行权情况，不仅员工会感到不适，管理者也会疲于奔命。事实上，管理者只要像山姆一样，偶尔去现场检查一下即可，让每个员工都自觉地行使权力，做出更好的业绩，从而激发他们更大的积极性。

IBM前任管理者郭士纳就曾说过："你关注什么，就去检查什么。"如果管理者对员工的忠诚度和才能充分信任，就应给予员工充分的授权，并在管理过程中监督员工使用权力。授权激励的根本目的在于工作效率的提高和管理成本的降低。要做到这点，就需要在授权中实现业绩、权力、责任三者的有机结合，以下几点可以作为参考。

第一，监督中的双面性

首先是管理者的监督控制，在授权之前，对员工进行事前、事中、事后的全方位考察，以避免公司走向歧途。授权时，要告诉员工工作方向、工作目标、权力范围等，这样管理者就可以在授权后有针对性地去监督。另外，财务权力必须掌握在管理者或绝对信任的员工手中。

其次是促使员工的自我监督，自我监督始终是最有效的监督方式，信息公开、定期汇报等都是能有效促进员工自我监督的手段。用这些机制增强员工的自律性，管理者就可以在授权、监督之后拥有更多的自由时间。

第二，监督中的引导和修正

由于自身工作经历、工作能力的限制，在被授权之初，员工可能无法很好适应工作内容的改变。这时，管理者就应对其进行主动引导，帮助员工尽快将权力用于实处。如果管理者发现了问题，要及时纠正，帮助员工在权力增长中快速成长。

第三，授权中的监督艺术

作为管理者，必须让员工认识到，监督作为一种管理机制，并不是出于对员工的不信任，而是一种保护。监督的作用在于，管理者可以实时了解员工行权中遇到的问题，并帮助解决，监督起到的更多是推动和保障作用，而不是牵制。

放权给更擅长的人

　　领导不是完人，也有不擅长的领域、不熟悉的方面。正因如此，所以要授权，大胆起用精通某一行业或岗位的人，并授予其充分的权力，使其具有独立做主的自由，这样才能够激发他们工作的使命感，圆满完成工作任务，从而达到公司发展的目标。

　　和以前相比，现在的员工与过去的员工最大区别在于：过去的员工往往是被动地适应企业，在当今知识经济时代，知识型员工是企业里最富活力的个体。他们追求自主性、富有创新精神，不仅不愿受到组织的约束，甚至无法忍受上司的遥控指挥。他们强调工作中的自我引导，表现出对工作场所、工作时间的灵活性以及宽松的组织气氛的渴望。他们的工作不是简单地重复，而是在复杂多变和不完全确定的环境下依靠自己的知识积累和灵感来应付各种可能发生的情况，并进行创造性工作。所有这些，都为管理者适度授权、提高员工自主权提供了理论依据。

　　思科公司的总裁约翰·钱伯斯认为，最优秀的管理者不需要大包大揽，事必躬亲，关键在于如何把人员合理地进行统筹安排。他说："很久以前我就学会了如何放手管理。你不能让自我成为障碍，成为一个高增长公司的唯一办法就是聘用在各自的专业领域里比你更好、更聪明的人，使他们熟悉自己要做的事情，要随时接近他们，以便让他们不断听到你为他们设定的方向，然后你就可以走开了。"

本田第二任社长河岛喜好决定进入美国办厂时，企业内预先设立了筹备委员会，聚集了来自人事、生产、资本三个专门委员会中最有才干的人员。做出决策的是河岛，而制定具体方案的是员工组织，河岛认为员工组织会比自己做得更好。比如，位于俄亥俄州的厂房基地，河岛一次也没有去看过。当有人问他为何不赴美实地考察时，他说："我对美国不是很熟悉。既然熟悉它的人觉得这块地最好，难道不该相信他的眼光吗？我又不是房地产商，也不是账房先生。"

财务和销售方面的工作，河岛全权托付给副社长，这种做法继承了本田一贯的做事风格。1985年9月，东京青山一栋充满现代感的大楼落成了，第二年，赴日访问的英国查尔斯王子和戴安娜王妃参观了这栋大楼，媒体也竞相报道，本田技术研究公司的"本田青山大楼"从此扬名世界。实际上，规划这栋总社大楼、提出各种方案并将它实现的是一些年轻的员工，本田宗一郎本人没有插手此事。成为国际性大企业的本田公司在新建总社大楼时，这位开山元老竟没有发表任何意见，实在让人难以想象。

第三任社长久米是志在"城市"车开发中也充分显现了对下属的授权，"城市"开发小组的成员大多是20多岁的年轻人，有些董事担心地说："都交给这帮年轻人，没问题吧？""会不会弄出稀奇古怪的车呢？"对此，久米只是平静地说："开这车的不是我们，而是他们这一代人。如果这些年轻人说可以那么做，就让他们去做好了。"

就这样，这些年轻技术员开发出了新车"城市"，车型高挑，打破了汽车必须呈流线型的常规。新车一上市，很快就在年轻人中风靡一时。

本田摒弃了指令性管理法，采用目标管理法。任何人都不能对员工的具体工作指手画脚，上司大体制定一个方向，具体操作就由员工自由发挥。这样一来，员工在自己擅长的工作上拥有了更多自主权，有很大的灵活范围来采用具体方法，就可以把工作完成得更好、更快。正是根据每个人的长处充分授权，并大胆使用年轻人，培养他们强烈的工作使命感，才造就了本田公司辉煌的业绩。

克罗克是麦当劳公司的总裁，他是一个自由思想者，在管理企业时，他从不独断专行，还采取启发、咨询和要求的办法来帮助下属自主决策。"我喜欢给予下属更大的权力，而且一向尊敬那些能想到我想不到的好主意的人。"克罗克说。虽然有些主意他不会采纳，但他鼓励年轻员工提出不同的意见，鼓励他们将新主意付诸实践。

麦当劳的每一位员工都有自己的自主权和发展空间，麦当劳给他们充分的权限，让他们有机会证明自己的能力，同时也要求他们承担相应的责任。对于那些想找机会表现，却一直没能出头的员工，麦当劳总是为他们提供合适的机会。桑纳本就是一个很好的例子。

桑纳本与克罗克的性格完全不同，但这并不是他们沟通的障碍。桑纳本是一个内向、冷漠、深沉的人，而克罗克则外向、可亲、坦诚；桑纳本对财务数字很感兴趣，而克罗克对此一窍不通。

经过深思熟虑，桑纳本建议麦当劳进入房地产业。应该说，这对于主营快餐业的麦当劳而言是具有冒险性的，但克罗克同意让他放手去做，并不担心桑纳本会犯错误。值得庆幸的是，桑纳本成功了，并使麦当劳股票在纽约证券交易所上市。他本人也被提升为麦当劳的财务总监。从克罗克重用桑纳本可以看出，麦当劳能够给予员工们充分的自主空间，让他们发挥所长，为企业做出更大的贡献。

　　管理者应该勇敢地赋予员工做事的自由、信心及充分发挥个人才能的空间，让员工发挥专长，以更大的积极性和热情投入工作。一个人的能力是有限的，一个公司想要长久成功，不能仅仅依靠首席执行官的领导，不能仅仅依靠高层管理人员的努力，而要依靠全体员工的集体努力。

　　管理者通过授权以实现对员工的激励作用，让他们承担更多责任，让每个人都人尽其才、物尽其用，让权力使用效率达到最大。在授权时，管理者只需要问自己几个问题：

　　第一，他是不是比我还了解这件事情？

　　第二，他是不是处理这件事情比我还老到？

　　第三，他是不是比我更适合处理这件事情？

　　第四，他是不是处理这件事情比我有经验？

　　第五，他去做这件事情，是不是比我亲自去做成本更低？

　　如果你的回答是肯定的，恭喜你，你找到了最适合这个工作的人。你要做的，就是给予员工尊重、支持、引导和监督。

大权独揽，小权分散

什么是权力？一般来说，权力是某项职位所赋予的权益，包括：合法权、对资源的控制权、对惩罚的控制权、对信息的控制权、对生态环境的控制权等。这些都是对人有所影响的权力。

权力是把双刃剑，在企业里如果权力过于集中，极容易形成管理者的独裁专制，这样企业的决策受该管理者的影响就会特别大。一个人收集的信息以及决策能力是有限的，因此个人决策所蕴含的风险比群体决策的风险大得多，很多企业就是因为权力过于集中而导致决策失误进而倒闭的。相反，如果权力过于分散，也难以形成统一的决策，企业内部之间的协作也会存在很大问题。

作为管理者，正确认识权力、恰当利用权力就至关重要了。从原则上讲，大权独揽，小权分散，抓大放小无疑是很好的策略。

真正杰出的管理者，不一定自己能力有多强，只要懂信任、懂放权、懂珍惜，就能团结比自己更强的力量，从而提升自己的领导能力。相反，许多能力非常强的人却因为过于完美主义，事必躬亲，认为什么人都不如自己，最终的结果是"疲惫而无所得"，这是管理的失败。美国麻省理工学院的摩文教授调查发现，多数成功领导都有一个共同之处：极力限定自己的工作范围。一个成功的管理者可以定义为：最大限度地利用其下属的能力。也就是说，权力适当下移，会使权力重心更接近基层，更容易激发下属人员的工作热情。大量的实践证明，管理者抑制自己的权力反而更容易使下属完成任务，同时这也是区分将才和帅才的重要标志之一。抑制权力的最直接表现是充分授权，在企业管理过程中，它所起的作用不言而喻，规模越大、产品线越复杂的企业，授权的意义就越大。

德国文化媒体业巨头贝塔斯曼集团在世界50多个国家和地区有业务，下属企业达到几百个，行业涉及出版、电视、音乐、媒体服务等广泛领域。所跨地域和行业如此广泛的企业，管理起来岂不是很难？贝塔斯曼集团总裁说，他的公司实行的是松散性管理。每一个下属企业的负责人在其企业内的人事、投资、产品等所有事务中最大限度地享有自主决策权。总裁以及行业总负责人只进行大方向的监控，决不过分干涉下属企业的具体经营事务。

下属企业负责人享有最大限度的自主决策能力，可以迅速地对市场做出反应。又因为他们了解当地情况，做出的决定最符合发展实际，因此也最符合整个企业的利益。

与管理上的"松散"相配套的，是用人上的"以人为本"。贝塔斯曼集团努力获得最好的人才——包括艺术家、作家或者是杂志制作人，然后给他们自由发挥的空间。公司使用激励机制，鼓励每个人把能力发挥到极致。根据业绩和公司赢利情况，表现好的员工获得数量可观的分红，年轻有为的员工迅速得到提升。"我们有最好的人才，并给他们最大的发挥空间，我们的企业自然做得最好。"集团领导说。

下放管理权，给下属企业自由的空间，当然不是"放野马"。下属企业管理者要对母公司负责。贝塔斯曼集团致力于建立员工对母公司的认同感。该公司内部进行的一个调查表明，绝大部分员工虽然身在不同下属企业及不同国家和地区，但对自己是贝塔斯曼员工这一点深深认同。所以，贝塔斯曼集团是"形散而神不散"。管理者担当的角色更多是一个决策者，而不是执行者。他们负责制定最适合的发展策略，总结出最好的工作方法。接下来，把具体工作都交给管理人员和基层员工去做。

对于事关企业、部门生死的权力，管理者、主管必须牢牢地抓在手里。大权集中有利于集中力量办大事，同时保证决策的连续性和稳定性。无论是政府，还是企业，无论是分散式决策，还是集中式决策，最终都要有一个拍板的人，这个人就应该掌握比较大的权力。那么，对于一个管理者来说，哪些大权是他必须抓的呢？

第一，财权。古时候的人掌权时，一抓军权，二抓财权，可见财权之重要。钱是企业的命脉，把财权交出去，不是开玩笑吗？当然，掌握财权并不是意味着老板要把所有财物细节摸得一清二楚，因为这些事完全可以让财务总监去管理。掌握财权是指他能够清楚地掌控资金大的方向，并且关键时刻能够自由调动。

第二，人事任免权。这主要涉及非常重要的人事调动和安排。

第三，知情权。即使某些时候不参与决策，对所有重大决策也应该有知情权。

第四，决策权。即对一般及重要决策进行最后拍板的权力。

除了这些重要的权力，其他具体的权力诸如具体的管理权、下属部门的权力就可以完全下放了。

实行部分授权或者临时授权

权力的转移本身具有一定的风险，尤其是对人事权、财务权等重大权力的转移，有时会面临权责出轨，或者因为员工对公司利益不重视而带来的风险。为了规避这种风险，很多管理者就因噎废食，把所有事情都揽在自己身上，这也完全没有必要。毕竟，管理者的精力和时间是有限的，也不具有能力解决所有问题。这时候，把部分权力转移出去，或是临时授权，就能集中精力办大事。

另外，如果员工从未得到过授权，管理者突然将权力都赋予员工，员工反而会不知所措。通过部分授权或临时授权，可以给员工一个适应的过程。培养员工行权能力，也是管理者为将来的全面授权打下基础。

大亚湾核电站在运营时，就充分地考虑到授权的时效性问题。由于核电行业本身的高危险性，核电站的每个员工都需要先经过培训才能上岗，这些培训的内容不仅是工作内容和程序，还包括职责的重要性和失责可能带来的后果。

每个员工在执行任务之前，首先要经过培训取得工作资格，然后要获得主管部门的授权。也就是说，在大亚湾核电站，上岗的前提就是授权。

而大亚湾核电站的每个授权都是有一个有效期的，而且在必要的时候，核电站还能够对这些授权进行变更或取消。大亚湾核电站正是通过限制授权的时效性，来保证核电站的运行安全。

可见，无论是什么授权，都要对其做出时间上的限定。有时限的授权，会让员工了解到权力的紧缺性，只有这么长的时间可以使用权力，如果自己不好好把握，就不能完成业务，下次也就不能得到授权。在大亚湾核电站，如果员工不谨慎地使用授权，更会被取消授权，重新接受培训。这就使员工不得不提高行权效率。

王总原来觉得自己是公司的最高管理者，就应该对公司的所有事务全权负责。而且，他觉得公司里也没有什么员工特别值得信任。所以，不管是出差还是休假，电话都是从早接到晚，休假等于没休，即使谈判时也要不停地出去接电话，以免员工碰着什么解决不了的大问题。

经过学习之后，他才醒悟过来，公司平时不会发生什么大事，自己出差或休假的时间都不长，完全可以让副总临时掌权，真遇到大麻烦，副总再联系自己也不迟。

有一次，王总又要出差，这次是出国去谈关于海外市场开发的问题，时间是一个月。在国外，打电话也不方便，发邮件时效性又差。王总决定，在这段时间，公司所有事务由副总负责。任命下达后，王总就登上了飞往纽约的飞机。

这一个月，王总安心地与客户商谈合作事宜，谈判有很大进展。等他回国的时候，心里一直忐忑不安，生怕有一大堆烂摊子要处理。可到了公司，他看到所有员工跟往常一样在努力工作。后来副总交上来一份业务报告，王总发现，这个月的销售额竟然比之前还上涨了15%！

原来，副总第一次接到这种授权，深感责任重大，又觉得是难得的表现机会。于是，他在这一个月里与员工展开交流，取得员工的支持，不管谁遇到问题，他都积极去帮助解决。整个公司都在努力着，以给不放权的王总一个惊喜。

部分或临时授权，是授权激励的另一种有效形式。在考虑到员工个人运用权力的能力和被信任的程度前提下，而给予部分或临时权力的授权方式，以控制员工权力，减轻对权力的管理压力。这是管理者实现对权力有效管理的重要方法。

一般来说，部分或临时授权有两种形式：口头授权和书面授权。一般而言，口头授权比较随意，大多通过口头授权，授权内容都是一些日常性事务。临时授权风险性较大，也不正式，如果没有监督，员工就很可能对权力进行滥用。因此，临时授权不适用于人事权、财务权等重要权力。书面授权较为正式，通过文件的签署，对部分或临时授予的权力进行责任控制，以防员工滥用权力。尤其在重要权力的临时授予时，管理者一定要使用书面授权形式，对行权范围、时间、责任等内容做出规定。

那么，在临时授权或者部分授权时，该注意哪些问题呢？

第一，信任程度。授权的时限首先取决于管理者对员工的信任程度，换句话说，就是员工对工作的忠诚度。如果管理者无法对该员工的忠诚度充分信任，就应该缩短授权时间，以防止员工的不负责带来的损失。信任是授权的基础，而这源于员工过往工作的表现。

第二，工作能力。忠诚度决定了员工会不会负责任地使用权力，而工作能力则决定了员工能不能有效地使用权力。工作能力不达标的员工，管理者可以给予该员工试授权，以短时间的授权作为员工行权的试用期。毕竟，有没有权力对于员工能不能展示工作能力的影响也是颇大的。

第三，行权历史。对于初次授权，要对受权员工的忠诚度和工作能力进行充分考量。而对于经历过受权的员工，还需要考虑其在过往行权过程中的表现。这其实是更具考量价值的因素，如果员工在过往受权经历中表现良好，就可以适当增长其受权时限。

第八章

竞争激励

实行固定期限考评制

竞争激励就是摆了一个擂台，让员工公平地较量，谁赢了谁就得奖，这是一种最科学、最合理的激励方法。为了获胜，每个人都会使出浑身解数。这种激励是让实力说话，凭的是本事。一切都摆在台面上，获胜的当然高兴，失败的只能怪自己，然后充实自己、提高能力，争取下次超过别人。当员工有了竞争意识，才会自动自发起来。

对企业管理人员进行竞争激励时，可以实行固定期限考评制，能者上，庸者下，让有能力者上台当"官"，平庸者下台为"民"。这样做有三大好处：一是体现动态管理理念，有利于提高经理人员的责任意识、上进心；二是使没有发挥出应有水平的经理人员得到自然淘汰，减少人为因素干扰；三是有利于有能力的管理者脱颖而出。另外，还可以保证权力不会长期集中在一个无能的管理者手中。

国内某大型集团对竞聘上岗的中层经营管理者实行三年任期制。任期届满后，公司会按量化的考评标准对每位中层经营管理者进行一次综合考核评价。在对各下属单位特别是对子公司经营管理者的考评中，坚持以市场为导向，以市场占有率、利润率、资产增值率等来评判管理者的经营效果，断定其任期贡献；以科研投入占销售收入的比例、每年新产品销售收入占销售总额的比例等来评判其成长性；以员工结构比例来评判其员工队伍素质；以优质品率来评判其产品及工作质量；以人员淘汰率等来评判其企业内部管理的活力；以员工收入拉开档次的比率等来评判其员工是否充分发挥了工作积极性。

任期届满后，现任经营管理者的职务即自行解聘，进入下一轮任期时母公司按招标竞聘制重新招标。张榜公布集团所有单位和部门的标的，现任经营管理者和符合条件的员工均在同等条件下参加竞聘。原任经营管理者如果不重新参加竞聘，就视为自动下岗。考虑到工作的连续性和经营管理的成熟需要一定的过程，对任期届满的经营管理者竞聘原岗位，在学历和年龄上不做限制。被聘用的经营管理者在任期内享受相应职务的待遇，而一旦遭到解聘，就不再保留原有级别和待遇。

对企业管理人员实行固定期限考评制，给每个人一个公平竞争的机会，通过一定期限的工作业绩考核彰显个人的工作能力，对在任中层管理者形成一定的压力和动力，激发他们最大限度地投入工作；而对于未能上岗的其他员工，也是一个鼓励，让他们看到公司任人唯贤的决心。只要有能力，公司就会提供机会和平台。

关于考核周期的时间界定，需要合理把握。考核周期太短，会增加企业管理的成本；考核周期太长，又会降低考核的准确性，对考核人员无法构成一定程度的压力，达不到考核激励的效果。一般来说，考核周期分为月度考核、季度考核、半年度考核和年度考核，这些适用于企业的基层员工。如果是对中层管理者和高层管理者进行考核，企业可以根据自身实际情况进行设计。其中，任期制和年度考评制都是竞争激励的具体形式。

第一，任期制。企业可以通过竞聘上岗的方式，对中层管理人员实行三年任期制，任期届满职务自动解聘。任期届满可以与其他竞聘者同等条件参加新一轮的招聘竞标，否则即视为自动下岗。岗位发生变动后，其收入和其他待遇也要按新的岗位相应变动。

第二，年度考评制。企业对中层管理人员实行一年一次年度考评制度。考评内容可根据企业自身情况设定各种项目，按百分制考核，各项给出具体分值。考评时由综合管理部门、质量部门、监督部门、上级领导和本部门员工分别给每一个受考评对象打分，其分值要合理，比如本部门员工考评的平均分占总分的 30%，综合管理部门、质量部门占 15%，监督部门占 10% 等。

利用好同级的压力

不服输的竞争心理人人都有，强弱则因人而异。即使一个人的竞争心很弱，他的心中也会潜伏着一种竞争意识。激励专家认为，最好的激励机制不是试图让懒人变得有活力，而是在企业中形成高绩效的环境，使员工的敬业精神得以发扬，让不劳而获者无容身之地。基于真诚合作和责任承诺上的内部竞争，来自同级的压力比来自上级的命令更能促进员工的积极性和工作热情。

明白了这一点，企业管理者只要利用员工的这种心理，并为其设立一个竞争的对象，鼓励内部竞争"小气候"，让对方知道竞争对象的存在，就能够轻易激发员工的工作热情，从而让他们主动展开竞争，工作效率自然就会提高。

张总公司原来有个经理负责陕西地区业务，他的业绩非常好，但是没过多久，他就开始向公司提各种条件，牢骚也很多，好像离了他，陕西业务就没法开展了。公司马上派了一个名义上的副手过去，并且给所有经销商发了公函通告此事。过了一个月，这位经理的心态明显好转了，工作态度更积极了，业绩比以前做得还好。原因就在于公司派去的副手，让他感觉到了同级竞争的压力。他明白，经销商对他的肯定是源于公司舞台的支持，只要素质过硬和心态积极的人都可以操作这个市场。

有些员工在取得成绩后就恃才傲物，难于管理，甚至有时候威胁公司。

作为管理者，要学会在下属中间创造竞争的氛围，让下属意识到他并不是唯一的，随时有人可以替代他的位置，这个很关键。

凯德是一家公司的老板。有一次他对一个一向很努力的熟练工人说："卡洛斯，我吩咐你做的一件事情为什么这么慢才做出来呢？你怎么不能像琼斯那样快呢？"对琼斯，他却是这样说的："琼斯，你做事为什么不能以卡洛斯为榜样，像他那样高效呢？"

不久，琼斯刚出差回来，凯德便留下一张纸条叫他做好一个铸件，马上送到铁道开关及信号制造厂去。这个条子是周六写的，但是周日早上琼斯便把这件事办好了。

周日清晨，凯德在制造厂里看见了琼斯，便问："琼斯，你看见我留下的纸条了吗？"

"看到了。"

"你什么时候去铸呢？"

"我已经铸好了。"

"啊？你真的做好了吗？"

"是的。"

"在哪里啊？"

"我已经将它送到制造厂里去了。"

以上案例中，凯德成功地使用"设置竞争对手"的方法激励了琼斯的工作热情。对琼斯来说，凯德的嘉许让他备感鼓舞，觉得上司很欣赏自己。

在麦当劳，对员工的每一阶段工作都会定期进行考核。员工必须获得一定的知识储备，才能顺利通过阶段性测试。

在第一阶段，新员工会深入到各基层岗位工作，依靠最直接的实践来积累经验。在第二个阶段，员工可以担任二级助理，在一个小范围内展示自己的管理才能，并在日常实践中摸索、积累工作经验，协调好各种组织工作。在第三个阶段，员工晋升为一级助理，成为经理的左膀右臂。他会承担更多、更重要的责任，在店面中独当一面，同时逐步完善自己的管理能力。在第四个阶段，员工直接晋升为经理。他的管理经验日渐丰富，有机会晋升为监督管理员，负责当地好几家店面的管理工作。

再经过三年时间的磨炼，监督管理员就有可能晋升为区域顾问。届时，他将作为总公司的外派代表，成为麦当劳公司的"外交官"，往返于麦当劳公司与各下属企业之间，沟通传递各种信息。同时，他还肩负着诸如组织培训、提供建议之类的重要使命，成为总公司在某地区的全权代表。当然，成绩优秀的区域顾问仍然会得到更高级别的晋升。

需要注意的是，每晋升一个阶段，员工都需要通过相应的考核。这样不仅有效地避免了滥竽充数的现象，为员工的晋升提供了可供参考的数据，更重要的是，麦当劳的考评机制让员工之间形成了彼此竞争的关系，让他们互为竞争对手，在公司内部营造了一种积极向上的氛围，激发了员工的工作动力。因为谁也不想成为那个没有通过考评的人。公司里涌现了更多的优秀人才，还为公司带来了巨大的经济效益。

竞争意识其实是人们渴望认同、渴望卓越的心理体现。企业管理者要充分利用员工的这种竞争意识，有目的地为他们设立竞争目标，不断激发其自身潜能，为企业做出更大的贡献。在具体实施时，可以参考如下做法：

第一，做好岗位备份，让员工时刻感到竞争的压力。给每个员工以公平竞争的机会，每个岗位都要有一个或多个备份，不能一个岗位只有一个人。所以要想比竞争对手做得好，就要更加努力工作。

第二，向特殊员工暗示竞争对手的存在。如果某位员工身份特殊，工作不积极，却又不好直接给其设立竞争对象，不妨用言语暗示他，让他知道竞争对手的存在，从而激发该员工努力工作。比方只要告诉他："你和某某两个人，晋升是指日可待的。"这就等于暗示了竞争对手的存在，如果再不努力，晋升机会就会与他失之交臂。

第三，为需要激励的员工设立一个竞争对象。当竞争对象不容易找到时，企业管理者不妨设一个竞争对象。比如跨部门设立，或寻找同岗位的兼职等。

第四，用裁员"逼迫"员工主动展开竞争。对于经营状况不理想，而员工又不愿努力工作的部门，不妨向他们挑明公司裁员的打算，让他们主动展开竞争。在使用这一策略时，企业领导需要根据公司实际情况谨慎为之，不可草率行事。

用"数字上墙"让考核量化

数据激励就是用"数字上墙"的方式，把员工的行为结果用数字对比的形式反映出来，以激励上进，鞭策后进。用数据显示成绩和贡献，更有可比性和说服力，更能激励员工的进取心。所以在设置标准时，对能够定量考核的各种指标，都要尽可能地进行定量考核，并定期公布考核结果。这样可使员工明确差距，迎头赶上。

日本松下公司每季度都要召开一次各部门经理参加的讨论会，以便了解彼此的经营成果。开会时，领导会把所有部门完成的任务额从高到低进行排列，并将其按照排列顺序分为 A、B、C、D 四级。业绩最好的部门，即 A 级部门首先进行报告，然后依次是 B、C、D 级部门。

每个人都希望出人头地，其潜在心理都希望站在比别人更优越的地位上，从心理学上来说，这种潜在心理就是自我优越的欲望。有了这种欲望之后，人才会积极成长，努力向前。当这种自我优越的欲望出现了特定的竞争对象时，超越意识就会更加鲜明。松下公司的这种做法充分利用了人们争强好胜的心理，因为谁也不愿意排在最后，这样就在员工之间营造了一种比、学、赶、帮、超的积极氛围，激发每个人都发挥最大能动性去努力工作。

查理·齐瓦勃是美国著名的伯利恒钢铁公司的董事长。公司旗下有一个工厂，工人们总是完不成定额，为此齐瓦勃来到工厂的厂长办公室，问厂长：

"怎么会这样？那个目标完成起来有那么难吗？"

"我也不知道怎么回事。"厂长为难地说，"我向那些人说尽了好话，又发誓又赌咒的，甚至威胁要把他们开除，可他们就是完不成自己的定额。"

"请你领我到厂里去看看吧。"齐瓦勃说。

来到工人作业的地方时，正值白班工人要下班，夜班工人要接班。齐瓦勃就问一个白班工人："请问你们今天一共炼了几炉钢？"

"6 炉。"工人回答。

齐瓦勃默默拿起一支粉笔，在一块小黑板上写了一个大大的阿拉伯数字"6"，然后一声不吭地离开了。

夜班工人上班后，看到黑板上出现了一个数字"6"，都十分好奇，忙问白班工人那是什么意思。

"董事长今天到这里来了，"那位白班工人说，"他问我们今天一共炼了几炉钢，我们说 6 炉，他就在黑板上写下了这个数字。"

第二天一大早，齐瓦勃又来到工厂。他看了看黑板，见夜班工人把"6"换成了"7"，就微笑着离开了。

白班工人来上班时，都看到了数字"7"。一位白班工人激动地大叫道："什么意思嘛！这分明就是在说我们白班工人不如他们夜班工人干得多，我们倒要让他们看看到底谁比谁强！大家说是不是？"白班工人们都大声附和。

就这样，白班工人为了向夜班工人显示自己的能力，更加努力地工作。当他们晚上交班时，黑板上出现了一个巨大的"10"字。

于是，两班工人互相挑战，展开了激烈的竞争。很快，这家产量一直落后的工厂，成了所有工厂中业绩最好的。

齐瓦勃仅仅用了一个小小的"6"字就改变了工厂的面貌，解决了打骂甚至开除威胁都解决不了的问题。他的高明之处就在于，唤起了工人们的竞争意识。工人们做事一向拖拖拉拉、毫不起劲，可在突然有了竞争压力后，就激发起了他们的士气。

数据能够激发员工争强好胜的竞争心理，是一种很好的零成本激励方式。企业在实施数据激励时，可遵循下列方法：

第一，将企业对员工的各种考核指标进行数字量化，并尽量用文件或制度的形式确立下来。在评比先进员工时，应尽可能用数字化的方式来衡量其工作成果及进步成长状况，不可只凭感觉或主观印象。

第二，企业管理者可以在企业内部导入分组竞争机制。比如将公司业务部门划分为若干小组，每天或每周公布业绩排行榜，月终总结，表彰先进员工，鼓励落后员工。

第三，辟出专门空间或场地，用以张贴数据榜。比如销售部门可以用数字形式张贴公布每位员工当月甚至当天的业绩完成状况。

让不合格员工 "卷铺盖"

优胜劣汰，适者生存，这是大自然的法则。企业不是慈善机构，如果员工能力不行，又不思进取，就要敢于淘汰他们。美国通用电气公司将其所有的员工分为五类：第一类是顶尖人才，占10%；略低一些的是第二类，占15%；第三类是中等水平的员工，占50%，他们的变动弹性最大，有机会选择何去何从；接下来是占15%的第四类，需要对他们敲响警钟，督促他们上进；第五类是最差的，占10%，只能毫不留情地辞退他们。通用公司通过这种淘汰机制给了全体员工充分的紧迫感，也给了他们充足的动力，挖掘了他们的最大潜力，也为企业注入了活力。

作为一种激励手段，末位淘汰法在适当的条件和环境下有其积极的作用。

首先，末位淘汰法是一种强势管理，可以有效激励员工的工作积极性，通过有力的竞争使整个公司处于一种积极上进的状态，克服了人浮于事的弊端，从而提高工作效率和企业效益。

其次，可以精简机构，有效分流。在人员过剩的企业中，人浮于事的情况是无法避免的。在这种情况下，精简机构、有效分流是解决这个问题最有效和直接的办法。通过末位淘汰法，能够对不同绩效级别的员工实施淘汰，这样既兼顾了公平，又实现了机构的缩减。

最后，能够有效推动企业向前发展。一般说来，企业管理员工大致可分为三个阶段。第一阶段是人力成本阶段。企业认为员工是成本，为了降低成本，多出效益，一味压低员工工资，这种阶段是最原始的。第二阶段是人力资源阶段。企业认识到员工自觉工作和被动工作的结果是不一样的，开始重视培训，提高员工能力，制定各种有关员工激励的制度，出台不同的考评办法。第三阶段是人力资本阶段。企业认识到要把人才当作资产，实现资产增值。员工的革新能力和创造能力是最重要的。实施末位淘汰制适应当前我国企业员工管理的现状，能够有效推动我国企业向前发展。

总而言之，在企业中实行末位淘汰法，能够给予员工一定的压力，在员工之间创造竞争气氛，有利于调动员工积极性，使企业更富有朝气和活力，同时也有利于组织精简，更好地促进企业成长；在国家机关单位中实施末位淘汰法，对促进各级干部队伍建设、提高职能部门的工作效能都是有好处的。

1999年8月20日，北京市著名的房地产开发项目——现代城销售部门6位销售副总监当中，有4人率领他们的数十名部下酝酿集体跳槽，将末位淘汰制在京城推向了高潮。被现代城除名的员工认为，他们离开现代城的根本原因是现代城评定销售业绩的末位淘汰制。现代城对所有销售人员每3个月根据业绩评定，进行一次职位调整，6名销售副总监业绩最差的一位自动下降为普通业务员，业绩最好的业务员自动上升为副总监。潘石屹曾说，现代城的成功，末位淘汰制功不可没。现代城曾经有过3天卖了3个亿的纪录。

在使用末位淘汰制时，企业如果能始终本着"公开、公正、公平"的原则，本着以人为本的理念，采取科学的方法，形成完善的制度，就能不断激发员工的潜能，使企业涌现出新的竞争潜力，增添新的活力，为企业创造出更大的价值。

企业应该怎样实施末位淘汰法呢？激励专家认为，在遵循科学性、客观性及可接受性的基础上，对人才的选、育、用、留做到如下几点，才能让末位淘汰法达到最佳效果。

第一，在招聘之初企业就要尽力做到量才而用，避免一开始就埋下被淘汰的隐患，浪费了企业的职位资源和培养的精力。要与员工共同制定企业发展规划，给予员工一个明确的发展目标。让员工一进企业，就知道自己该做什么、未来的路该怎么走、公司要求是怎样的、自己的长处是什么，真正做到以人为本。

第二，在签订劳动合同时，双方应在平等自愿的基础上，对末位淘汰达成一致，并在合同中有明确的说明。同时，这种合同应该是针对所有员工的，否则公司在执行末位淘汰时，就可能有违约的风险。

第三，在实施末位淘汰前，企业应该制定一整套客观公正、公开、透明的绩效评价体系，这样排在末位的员工自然无话可说。

第四，对排在末位的员工应尽可能采取温和的方式处理。比如，目前较为提倡末位淘汰应采取内部下岗，或通过开辟其他新的就业领域，给淘汰员工以新的就业机会。事实上，很多企业的末位淘汰制都有转岗、降职、转为试用期等内容。一般企业在评定时会选出 10% 的员工，但最后真正被辞退的只有 5%，这样做效果确实不错。

第五，给首次排在末位的员工或某一比例范围内的员工一次"将功补过"的机会，给予"黄牌"警告；对于两次考核都处在末位或某一比例数范围内的员工，再向他们出示"红牌"罚下岗。当然，这些都要结合企业的具体情况来操作。

让员工与企业共进退

面对着激烈、残酷的商场竞争和变幻莫测的市场环境，一个企业随时有翻船的危险，甚至一步失误，全盘皆输。企业老总们对危机的感受是深刻的，但一般员工不一定能感受到这些危机，特别是不在市场一线工作的那些员工。他们认为自己收入稳定，高枕无忧，工作热情日渐衰退，容易滋生享乐思想。企业管理者要不断地向员工灌输危机观念，让他们明白企业生存环境的艰难，以及由此可能对他们的工作、生活带来的不利影响。如果企业倒闭了，员工就会失去工作。简单说就是，今天工作不努力，明天努力找工作，所以员工自动自发地努力工作非常重要。

大凡明智的管理者都不断强化危机意识。有时，当企业处于安定状态时，不妨制造点儿人造危机，激发员工奋进，让他们经常处于紧张的工作状态，以保持组织的活力。华为总裁任正非曾警告员工："华为的冬天很快就要来临！"

美国西南航空的内部杂志经常以"我们的排名如何"这篇文章让西南航空的员工知道他们的表现如何。在这里，员工可以看到运务处针对准时、行李处置、旅客投诉案等三项工作的每月例行报告和统计数字，并将当月和前一个月的评估结果做比较，制定出西南航空公司整体表现在业界中的排名。还列出业界的平均数值，以利员工掌握趋势，同时比较公司和平均水准的差距。

西南航空的员工对这些数据具有十足的信心，因为他们知道，公司的成就和他们的工作表现息息相关。当某一家同行的排名连续高于西南航空几个月时，公司内部会在短短几天内散布这个消息。然后，员工会加倍努力，期待赶上人家。西南航空第一线员工的消息之灵通是许多同行无法相比的。

还有一个例子：

一次，莱曼兄弟公司研制一种 8 毫米的电眼摄像机，本来预计要三年才能够完成。后来，负责销售的副总裁决定尝试一种新的激励技术。于是，他来到工程师那里说："我刚才听人宣布，咱们的竞争对手已经搞出 8 毫米的电眼摄像机了！"结果，这种产品在 3 个月的时间内就生产出来了。竞争激励居然有这么大的神通，简直令人难以置信。

各个行业的竞争都异常激烈，各个企业间更新、淘汰的速度也越来越快，当一些原先名气非常大的企业逐渐衰败之时，很多名不见经传的中小企业发展却如日中天。从某种程度上说，市场竞争其实就是一场只许前进、不许后退的残酷竞赛。让员工有危机意识，不能满足于企业在本地、本行业中的现有地位。要让他们明白，公司的发展离不开个人的努力工作。如果他们不努力，企业就不能发展壮大。企业陷入困境，当然不是一件好事。但是有时让员工一起承担这种危机，激发他们的竞争意识，员工就会尽最大努力，帮助企业转危为安。

麦卡米克是美国一家知名企业，在该公司的发展历史上，曾出现过濒临倒闭的经济危机。企业创始人 W.麦卡米克是个性格豪放、江湖气十足的管理者，但他的思想观念和工作方法逐渐落后于时代，企业被他搞得非常不景气，以至于后来 W.麦卡米克不得不宣布要对所有员工减薪一半。

恰逢此时，W.麦卡米克不幸得病去世。他的外甥 C.麦卡米克继任了公司管理者的职位。C.麦卡米克一上任，就向全体员工宣布了一项同公司的前任领导者截然相反的措施："从本月开始，所有员工的薪水增加一成，工作时间适当缩短。大家都知道，我们企业生死存亡的重任就落在诸位的肩上，希望我们同舟共济，共渡难关！"

几天前还要减薪一半，如今反而提薪一成，劳动时间还要缩短，员工们顿时呆了，他们几乎不敢相信自己的耳朵。面面相觑的员工们在确定了这个通知是真的后，转而对C.麦卡米克的新政表示由衷的感谢。就这样，全公司员工士气大振，上下齐心，一年内就实现了扭亏为盈。

不断地唤起员工的危机感和竞争意识，让他们知道企业是在激烈的竞争中生存，不进则退，退则一败涂地。危机意识和竞争压力可以激发员工最大的工作动力和热情，集合所有员工的智慧和能力，甚至创造奇迹。当员工战胜他们面临的挑战时，他们会更加自信，愿意为企业做出更大的贡献。他们知道，成为对企业有所贡献者，是工作稳定的唯一途径。

激励专家认为，说服那些充满恐惧的员工获取安全感的最好途径，就是帮助企业实现最为关键的目标。值得注意的是，这种竞争激励不能常用，要注意把握好火候。把握不好，会打消下属的工作积极性。而且，经常处于高压的工作环境下，会使员工对工作产生厌恶，甚至萌发脱离团体的念头。在具体实施时，可以参考以下几点：

第一，向员工灌输企业前途危机意识。管理者要告诉员工，企业已经取得的成绩只是历史，在竞争激烈的市场中，企业随时都有被淘汰的危险，要想规避这种危险，只有靠全体员工努力工作，才能使企业更加强大，处于不败之地。

第二，向员工灌输他们的个人前途危机。企业的危机和员工的危机是连在一起的，所有员工都要树立人人自危的危机意识，无论是公司领导班子，还是普通员工，都应该时刻有危机感。如果员工在这方面形成了共识，他们就会主动营造出一种积极向上的工作氛围。

第三，向员工灌输企业的产品危机。管理者要让员工明白：能够生产同样产品的企业比比皆是，要想让消费者对企业的产品情有独钟，产品必须有自己的特色，这种特色就在于可以提供给顾客的是别人无法提供的特殊价值的能力，即"人无我有，人有我优，人优我特"。

授予非业绩性的竞争荣誉

如果管理者只关注员工的业务成绩，必然会忽视员工的自我实现。从社会心理学角度来说，经常提及员工的长处，可以让员工在整体上表现得更加优秀。换句话说，如果我们能够正视员工工作之外的优点，员工的工作积极性也会得到提高。

在 1991 年时，松下有一个"不炒鱿鱼"的规定，员工在松下表现再差也只是面临着降职、再培训、留职察看等惩罚。

那时，松下有一个模具工人就是个"老油条"了，每天最迟上班的是他，最早下班的也是他，工作时也是习惯偷懒，每天只是随便做几个模具出来应付下差事就好。这种员工放到今天，肯定是早就被"炒掉"的。但是，碍于公司规定，领导对他也是无可奈何。

结果，元旦的一次歌会彻底改造了这个员工。原来，这个员工虽然工作不认真，唱歌却很有一手。就在那次歌唱比赛中，他的歌喉为他赢得了"松下歌王"的称号。令人没想到的是，从那之后，这位"歌王"就像变了一个人，他不再迟到早退，工作也认真了不少，也更积极地跟其他员工交流学习了。

由于工作能力的限制，有些员工确实无法在业务成绩这一评比中，成为公司员工中的突出表现者，他们常年默默无名，当然会觉得被人冷落了。如果长期得不到认可，看着周围的员工一个个顶着这样那样的头衔或称号，自己却什么都没有，甚至每次业绩评比都垫底，他们自然会有一种自暴自弃的感觉。这时，可以采取非业绩性的激励模式，给予员工获得荣誉的机会，让荣誉激励可以扩散到每个员工。这种竞争激励模式能够帮助员工找到业绩之外的优势，为了维护这种荣誉，员工会更加积极努力地工作。由此可见，非业绩性激励能够很好地起到激励员工的作用。

之所以要采用非业绩性的竞争荣誉，正是因为它的扩散性。每个员工都期望得到荣誉，而一旦得到荣誉，他们就会努力做到最好。荣誉本身是对员工某方面优秀能力的体现，而对于个体而言，他们会认为这是对整个人的肯定，这就激发了他们完善自身，以维护荣誉的欲望和动力。在开展非业绩性激励时，要注意以下几点：

第一，开展非业绩性竞争活动。既然要让员工获得这种荣誉，管理者首先要创造条件，让员工有机会得到荣誉。在工作业余时间或是节假日，管理者可以举办各种形式的非业绩性竞争活动，以最大限度地扩大员工获得荣誉的机会。毕竟，每个员工总有某方面是特别擅长的。篮球赛、羽毛球赛、歌唱比赛、辩论赛、舞蹈比赛等都是可以采取的活动形式。有一点必须注意，活动形式必须能让员工广泛参与进来，如果搞个书画比赛，员工们就只能干瞪眼了。

第二，与经营活动相结合。如果管理者认为这样的活动是对工作时间的浪费，不妨将其与经营活动结合起来，以便更加直观地满足公司的利益需求。比如辩论赛的举办，既然是辩论赛，那就必须有一个辩论的主题。这时，可以将主题与公司经营相结合，比如"质量是靠研发还是靠制造""管理者和员工谁更重要""要福利，还是要薪资"等。再比如运动比赛，可以以部门或团队为单位，将员工进行分组，团体赛无疑是提高团队凝聚力的最好方法。

第九章

沟通激励

强化管理沟通的基础

优秀的企业是沟通出来的。万科集团创始人王石先生说："我是个职业董事长，我领导万科的秘诀就是，不断地交谈沟通——与投资人、股东、经理层和员工。"沟通的管理意义是显而易见的。从某种意义上讲，沟通已成为现代员工潜意识的重要部分，是员工激励的重要源泉。重视每一次沟通所产生的激励作用，管理者会发现对员工的最大的激励就是让他们心存感激。"士为知己者死"，企业管理者的理解、认同的知遇之恩，必将换来员工的涌泉回报。

这里所说的"理解、认同"是以保持个人风格为前提的，并不是让企业管理者变成一个"千面人"，否则管理者就等于失去了自我。客观地来讲，"理解、认同"是说管理者在管理中不要以自我为中心，认为自己的行为才是好的，不要总是用自己的观点和习惯去衡量、评判员工。当然，这也不是说为与员工达成共训，管理者必须违心地认为对方百分之百正确。"理解、认同"，就是一种换位思考方式。通过换位思考，多站在员工角度考虑问题，管理者可能忽然间发现"哦，原来他们是这个意思"。有了这层理解和认同作为沟通基础，哪怕管理者与员工间的语言方式和行为习惯差异再大，相信企业管理者也能自然适应并接受。

美国玛丽·凯化妆公司的创办人玛丽·凯女士，在面对下属员工的时候，总是设身处地地站在员工角度考虑问题。凡事她总是先自问："如果我是对方，我希望得到什么样的态度和待遇。"经过这样考虑的行事结果，往往再棘手的问题都能很快地迎刃而解。

正如《圣经》所言："你愿意他人如何待你，你就应该如何待人。"《论语》上也说："己所不欲，勿施于人。"说简单一点儿，就是换位思考、对等沟通。事实证明，不论过去、现在或将来，这条准则不仅适用于人生，更适用于企业管理，适用于管理者与员工之间的相处，是顺利沟通的基础，更是打开沟通之门的钥匙。

在沃尔玛公司，创始人山姆·沃尔顿提出了一个沃尔顿法则发人深思。沃尔顿认为，人力资源管理的核心正在于沟通，良好的沟通不仅是实现激励有效的关键，也是公司走向成功的关键。

在沃尔玛的员工眼中，管理者们是名副其实的公仆。沃尔玛的管理者的主要职责就在于，通过沟通为员工提供服务和引导，以帮助他们走向成功。所以，对员工的不尊重是不被允许的。事实上，山姆本人就十分热衷于与员工进行沟通，员工可以向山姆咨询在工作中遇到的疑问，也可以反映公司存在的问题，甚至可以只是单纯地和他拉拉家常。

与员工沟通并不是山姆的一厢情愿，其实，每个员工都期望管理者能够积极地了解自己。沃尔玛的一个门店经理就曾说过："山姆经常会到各个门店去进行参观，我们一直很期待山姆能够到我们这里来，即使只是和我们打个招呼、聊聊天。"山姆并不是一个爱摆架子的管理者，与员工所想象的不同，山姆的平易近人令人吃惊。当山姆来到门店时，他与员工说的最多的就是："工作还开心吗？有什么问题吗？还想要什么福利吗？"

在沃尔玛已经发展为全球最大零售企业的今天，仅仅依靠管理者到处飞已经不能满足员工沟通需求，沃尔玛每年在网络和卫星通信上的投资高达数亿美元，每周都会组织各个部门开展员工会议。管理者还将全球各分店按照区域进行划分，选出区域主管，区域主管的主要职责就是维持区域内的良好沟通。

山姆的平易近人极大地缩短了他与员工之间的距离，他总是站在员工的角度考虑，重视了解员工的需求，也愿意与员工进行深入的沟通交流，这对于员工而言，具有极强的精神鼓舞作用。员工感受到了管理者的认可和尊重，对于公司的决策也都表现出很强的支持度，并积极地去落实执行，可见，良好的沟通是员工激励的重要组成部分。

激励的每一个因素都必须与沟通结合起来，激励的整个过程本身也必须依靠沟通——没有沟通，就没有激励乃至管理。在多数时候，激励的成功有赖于沟通的方式。要突破沟通障碍，还有赖于企业管理者在管理中潜心去做。

第一，人人平等。在员工面前，管理者通常会维持自身的优越地位，他们更愿意保持一种高高在上的姿态以告诉员工们，"要听话"。事实上，只有一个平等的工作环境，才能让员工最大限度地脱离束缚，敞开心扉与管理者沟通。要想获得下属信任，管理者首先要尊重下属，与下属进行平等沟通。如果是自己的不对，就要勇于认错，不要固执己见。

第二，消除障碍。与"理解、认同和适应"相反，本位观念和歪曲理解是管理沟通的两大主要障碍。这两大障碍的存在，使得企业管理者对管理工作产生认识上的偏差，对员工的语言表达或行为体现，总以敏感的、对立的甚至恶意的意图给以曲解，有意识无意识地拒绝沟通延伸，难以做到换位思考，不能实现有效沟通。

第三，用心沟通。企业管理者要把管理的过程视为沟通的过程，视为相互间不断回旋的过程，把训斥和命令转为留心与倾听，在接触中找机会增进了解，养成换位思考的习惯，学会使用多种表现路径，调动员工积极的心态，达成沟通平台，换来以心换心、以诚换诚的良好沟通。

建立完整的沟通体系

戴维·诺瓦克在对人力资源管理的研究中发现："当会议开始时，所有的员工闭着嘴等着你开口，那就意味着，员工们没有对你敞开心扉。管理者应当努力避免这种状况，鼓励员工畅所欲言，即使所说的并不准确或让人不舒服。"如同激励员工的每一个因素都必须与沟通结合起来一样，企业发展的整个过程也必须依靠沟通。没有沟通，管理者的领导就难以发挥积极作用；没有顺畅的沟通，更谈不上企业的机敏应变。

沟通的进行很大程度上决定了公司运营的效率，而为了有效地利用沟通对员工的激励，管理者就要在公司内部建立一套完整的沟通体系。迪士尼在全球市场上都享有盛誉，这都源于公司员工高涨的工作热情，而沟通在其中扮演着相当重要的角色。迪士尼在全球的员工已经超过了一万两千人，这却没有对其沟通的有效性造成阻碍。这里我们就不得不提到迪士尼完整的沟通体系了。

第一，员工协调会议。迪士尼每个月都会举办一次员工协调会议，管理者和员工可以在这次会议上进行公开的讨论，而讨论的主题主要围绕各自遇到的问题。为了收集到更多的员工意见，迪士尼会分阶段地开展协调会议。首先是在基层员工之间，由员工小组组长或项目经理组织，小组内部会对所有问题进行收集和初步解决。无法解决的问题会被提交到部门协调会议，再往上则是总部的员工协调会议。由此，公司内部的问题可以在一步步沟通协调中得到有效的解决。

第二，主管汇报。迪士尼的部门主管还需要向上级提交一份完整的年度汇报书，在这份报告中，主管除了要对部门发展和财务状况进行完整的介绍和分析，还要针对部门以及公司发展提出自己的建议和意见，并要对部门协调会议的开展情况做出详细的汇报。

第三，员工大会。迪士尼还会在工作期间抽出时间举办一次小型的员工大会。员工大会的举办通常也是以部门为单位，但是由总部派人主持。在员工大会上，与员工相关的问题是讨论的主题。总部代表首先会对公司的财务状况做出报告，然后员工可以针对薪酬、福利、晋升等问题进行提问，总部代表需要进行现场解答。在员工大会上，是不接受讨论个人问题的，每个问题必须都是在部门内部广泛存在，且与所有员工都相关的。

完整的沟通体系是提升沟通有效性的有力保障。一套完整的沟通体系，可以尽量满足每个员工的沟通需求。迪士尼通过三个模块的沟通机制，让每个员工都可以参与进来，也可以让公司对所存在的问题有更全面的了解。随着公司规模的扩大，管理者没有时间和精力与每个员工进行单独的沟通，迪士尼通过一套双向的沟通体系，使内部沟通可以从上而下、由下而上同时进行，让沟通效率更高。

虽然很多管理者知道沟通的重要性，却碍于时间和精力的限制，而无法与员工进行良好的沟通。为了使沟通可以更加高效地进行，公司必须建立起一套完整的沟通体系，以下给出几点参考意见：

第一，定期举办员工会议。员工会议是一种集中性的沟通方式，管理者可以在短时间内与多个员工进行有效的沟通。在员工会议上，管理者可以公布公司的最新信息，员工也可以提出自己一段时间内遇到的问题。员工会议一定要定期举办，这样员工和管理者才能积极收集需要沟通的信息。

第二，积极进行一对一交流。一对一的交流无疑是最有效的沟通方式，管理者应在自己有空余时间时，积极进行一对一的交流。而对于交流对象的选择，要注意其典型性，比如业绩有突出进步的、表现有明显下滑的、参与度或人缘好的员工……

第三，建立沟通控制机制。为了使沟通得到更加深入和广泛的进行，公司要建立起一套沟通控制机制。对管理者与员工的沟通进行控制，主要是对其有效性、时效性进行评估。通过这套机制的建立，管理者会更加积极地与员工开展良好的沟通。

非正式沟通，交流更自在

当我们将员工作为社会人来看时，就会知道，员工对于沟通具有天然的需求。员工之间会对各种信息进行交流，比如某某员工升职了、哪些人的工资又涨了、公司又要出台什么新计划了……管理者不妨从员工之间的沟通模式学些经验，通过非正式沟通，让管理者与员工的交流更加自在些。

韦尔奇在上任之前，通用电气是一个等级森严的公司，上级与下级之间的沟通都是以各种正式的形式进行的。韦尔奇上任后，深感这种腐朽的沟通方式让公司变得死气沉沉。对此，他的应对手段就是——引入非正式沟通。

在韦尔奇与员工之间的沟通中，我们几乎看不到正式的通告、信件、命令。他更愿意用小纸条、电话、面谈来向员工传递信息。每个星期，韦尔奇都会来一次突击式的访问，他来到车间或办公室，与遇到的员工进行一次深入的交谈。有时，韦尔奇还会与基层员工或管理者共进午餐，在午餐中进行一次非正式的交流，从而对公司运营有一个更全面直观的了解。每年与韦尔奇有过交谈的员工有几千名之多，这也正是韦尔奇能够成为"20世纪伟大的经理人"之一的原因。

除了日常的非正式沟通之外，韦尔奇每年都会为年度"英雄"举办庆祝派对，员工在交流中交换学习经验，在活动中更加团结。一般来说，这种派对会一直持续到凌晨才结束，而韦尔奇无论多忙都会参加。他还会针对"英雄事迹"发表一次风趣的演讲，这次演讲会被翻译成八种语言在各分公司间流传。

　　相比较正式沟通而言，非正式沟通发挥着更明显的效用。非正式沟通的形式更为灵活，几乎所有人与人之间的沟通方式都可以应用。韦尔奇与员工之间的非正式沟通从来没有形式的要求，一次简单的谈话、一次偶尔的午餐、一次疯狂的派对……灵活的沟通形式也使沟通效率大为提升。在进行非正式沟通时，不会有太多的策划，时间、地点、对象、内容等都是随机的。对于员工而言，非正式沟通是以一种社交式的方式进行的，韦尔奇突击式的沟通方式，不会让员工有沟通压力，员工感到更自在，就能够更为真实地表达自己的想法，这也是沟通激励的目的所在。在非正式沟通中，管理者可以收集到更为真实的信息，员工也更能感受到管理者的平等对待。

　　随着现代管理理论的不断发展，我们越发发现沟通的重要性。事实上，在当今的企业管理中，我们已经很少看到管理者以命令的形式发布任务，或是通过斥责来指责员工的表现缺陷。管理者更多地以沟通的方式，在一种和谐的交流过程中，对员工的工作进行指导。这是因为，如果没有良好的沟通，员工对公司的认同感就会被削弱，工作效率和积极性也会随之下降。而过多的命令和斥责甚至会引发员工的反感，这带来的就不仅是不支持了，而是会造成员工对管理者和工作的抵触情绪。那么，在非正式沟通中，应该注意哪些问题呢？

　　第一，营造融洽的氛围。在沟通之前，应努力消除管理者与员工之间的距离，距离感是导致沟通无效的重要因素。作为管理者，首先要放下架子，不要追求员工对自己的敬畏，敬畏的结果往往是员工的敬而远之。我们应尊重员工，虽然职位有层级差别，但作为公司的一个成员，我们和员工是平等的。

第二，注意沟通的细节。在与员工的沟通过程中，不可能完全消除与员工的距离感，这就要求管理者处理好细节，在沟通中主动处于一种"弱势地位"。首先要控制自己的情绪，斥责、训斥等过于激烈的情绪是不适合的。对于员工而言，"一次斥责抵得上十次降薪"。如果一定要严肃地指出员工的错误，也要注意场合，给员工留些面子，员工会更感激你。

第三，与正式沟通相结合。当然，非正式沟通也存在一定的缺陷，那就是信息的失真、曲解。由于非正式沟通更多是在管理者和普通员工之间进行，管理者无法保证自己传递的信息被员工正确接受和理解。因此，我们要合理利用非正式沟通，将其与正式沟通相结合，以取得更好的效果。

第四，正确使用非正式沟通的几种类型。一般来说，非正式沟通有直线型、辐射型和随机型三种类型。直线型是指在非正式沟通中，信息的传递更多是通过一对一传递的。当公司非正式沟通是这种类型时，管理者需要注意防止信息在传递的过程中被误读而失真。当公司内部具有某一个关键性人物时，信息就会由这个人传递到所有员工。管理者可以成为这个关键性的人物，基层员工也有可能。这种类型就是辐射性。当然，在组织性不强的公司，信息的传递体现出一种随机性。员工随机地将信息传递给其他员工，管理者随机地与某个员工进行交谈。这就是随机型。这种非正式沟通形式，可以让管理者了解的信息更为真实，但也对信息在员工间的传递管理造成了难度。

信息开放共享，沟通无障碍

作为一名管理者，要尽可能地与员工多交流，使员工及时了解管理者的所思所想，领会上级意图，明确责权赏罚，才会避免推卸责任，彻底放弃混日子的想法。员工们知道的越多，理解就越深，对企业就越关心。一旦他们开始关心企业，就会爆发出数倍于平时的热情和积极性，形成势不可当的力量，任何困难也不能阻挡他们。这正是沟通的精髓所在。

如果管理者不信任员工，不让他们知道公司的进展，员工就会感觉自己是个外人，轻则会打击员工士气，造成部门效率低下；重则使企业管理者与员工之间形成相互不信任的敌意，产生严重隔阂，无法达成共识。

由此可见，沟通就是为了达成共识，而实现沟通的前提就是让所有员工一起面对现实。沃尔玛决心要做的，就是通过信息共享、责任分担实现良好的沟通交流。

美国沃尔玛公司创始人山姆·沃尔顿曾说过："如果你必须将沃尔玛管理体制浓缩成一种思想，那可能就是沟通。因为它是我们成功的真正关键之一。"

沃尔玛公司总部设在美国阿肯色州本顿维尔市，公司的行政管理人员每周花费大部分时间飞往各地的商店，通报公司所有业务情况，让所有员工共同掌握沃尔玛公司的业务指标。在任何一个沃尔玛商店里，都定时公布该店的利润、进货、销售和减价的情况，并且不只是向经理及其助理们公布，也向每个员工、计时工和兼职雇员公布各种信息，鼓励他们争取更好的成绩。

沃尔玛公司的股东大会是全美最大的股东大会，每次大会公司都尽可能让更多的商店经理和员工参加，让他们看到公司全貌，做到心中有数。在每次股东大会结束后，山姆·沃尔顿和妻子都会邀请所有出席会议的员工约2500人到自己的家里举办野餐会，在野餐会上与众多员工聊天，大家一起畅所欲言，讨论公司的现在和未来。为保持整个组织信息渠道的通畅，他们还与各工作团队成员全面注重收集员工的想法和意见，通常还带领所有人参加沃尔玛公司联欢会等。

山姆·沃尔顿认为，让员工们了解公司业务进展情况，与员工共享信息，是让员工最大限度地干好其本职工作的重要途径，是与员工沟通和联络感情的核心。而沃尔玛也正是借用共享信息和分担责任，满足了员工的沟通与交流需求，达到了自己的目的：使员工产生责任感和参与感，意识到自己的工作在公司的重要性，感觉自己得到了公司的尊重和信任，积极主动地努力争取更好的成绩。

沟通的目的正在于通过信息的交流，对员工进行激励。沃尔玛的每位员工都可以与任何管理者进行自由沟通交流，这在沃尔玛被称为"门户开放"。所谓的"门户开放"，就是要求管理者善于倾听，鼓励员工主动交流。同样，如果我们能够在公司内部对信息进行开放共享，沟通的障碍也会大大减少。信息的充分开放共享，可以减少员工之间的猜疑。沃尔玛的员工不会去考虑，总部是否给某地区或某分店提供了政策倾斜，也不会猜忌某员工的升职、加薪，因为一切信息都是开放共享的，一切管理行为的发生也都是有理有据的。很多时候，员工不主动与管理者进行沟通，是因为其认为管理者某项行为的不妥其实是公司的需要，是一种对公司困境的妥协，这就造成了沟通的不及时性。沃尔玛的公开交流有效解决了这一问题，提高了沟通的及时性。

很多管理者会对公司的信息藏着掖着，不让员工知道。他们认为，信息的不对称可以使自己在公司中占据优势地位，从而方便对员工的管理。事实上，信息的保留使员工在执行任务时缺乏相应的信息支撑，更容易出现失误，而失误造成的损失更多是由管理者所承担。信息的开放共享是沟通有效进行的基础，对公司信息没有充分的了解，员工就不能全身心地投入到工作中，无法为企业创造最大的效益。为了提高沟通的效率，使沟通可以更顺畅地进行，企业需要尽可能地保证信息开放共享。在具体实施时，可以使用以下几种形式：

第一，公告栏、通知。在公司的日常工作中，我们经常会发现一些问题，或是对决策做出一些调整，对于这些信息，公司需要及时通知员工，以防问题继续发生带来损失，或是决策无法快速得到执行。这时，可以将信息张贴在公告栏上，并为每个员工发放详细的通知。

第二，员工大会。员工大会的定期性、高参与度，使其成为一个高效的信息共享平台。每次举办员工大会时，管理者都可以对当期的运营成果进行总结汇报，让员工对于自己一段时间的工作成果有所了解，同时，还可以借此对下期的工作安排、目标进行发布，并明确各自的权责。

使用 Internet，紧跟时代潮流

随着网络技术的飞速发展，每个员工都会耗费大把的时间在社交网络上，不管是即时通信、微博还是网络社区，员工都表现出极强的兴趣。那么作为管理者，我们何不紧跟时代潮流，利用网络来进行沟通激励呢？微软无疑是信息技术时代的领军者，比尔·盖茨当然不会浪费其顶尖的网络技术。

在微软内部，员工以项目小组的形式进行工作，每个小组负责某个操作系统或是应用程序的开发。微软中存在着那么多的项目小组，比尔·盖茨自然不能一个个去和每个小组长进行沟通，盖茨最喜欢使用的沟通工具就是电子邮件。

盖茨对于电子邮件的沟通效率一直都赞不绝口，盖茨每天与员工互发的电子邮件达到上百封，其电子邮件的内容通常都显得简短而随意。有时候，盖茨会给项目组长群发上一封电子邮件——"本来定在今天下午的会议取消了，大家专心工作，明天上午十点再开。"员工给的回复也只是一句"收到""知道了""好的"。

通过电子邮件，盖茨可以在任何时间、地点与员工进行沟通。盖茨度假的时候，也会与管理者或员工发上几封电子邮件，有时候是关心一下员工的工作状况，有时候只是炫耀自己的旅游成果。员工也可以随时给盖茨发上一封电子邮件，他们不需要考虑盖茨现在在哪儿、是不是方便，"反正发过去了，

盖茨有空的时候会看到的"，他们也不会对用词进行太多的斟酌，"不离谱就好"。

网络沟通使用方便，其效率之高也不可否认。在现今的企业工作中，每个员工都会有一台电脑，每台电脑都可以连上网络。通过网络，管理者可以与员工进行实时沟通，而不需要考虑时间、地点、对象的限制性。盖茨每当做出什么决定时，都会直接以电子邮件的形式将信息传递给相关员工，而不需一个个打电话，或召开一个临时会议。

同样是一种非正式的沟通方式，由于网络沟通不是面对面地进行，员工可以更有逻辑、更自在地向管理者表达自己的观点。对于消除管理者与员工间的沟通阻碍而言，网络沟通有着不可比拟的优势。微软的员工都乐于通过电子邮件跟盖茨沟通，毕竟只是敲敲键盘而已，这对于员工而言，是再简单不过的沟通方式了。

从 2008 年开始，诺基亚公司就利用社交网络的快速发展，在公司内部网站上开设了一个 Blog-Hub。Blog-Hub 作为一个内部开放的交流平台，诺基亚的员工可以在这个平台上发布任何信息。匿名式的交流平台，也让员工完全不用担心管理者会事后追究。平台上线之初，就有大批的员工对公司发展进行了批评，尤其是公司的采购模式和手机的软件质量。但随着苹果、三星的异军突起，诺基亚智能手机的市场份额迅速下滑。

诺基亚随后又专门创建了自己的社交网站，鼓励员工在网站上提出意见、发表创意。曾经有一名中国区的经理在网站上发布："为什么不在手写笔的颜色上，提供给消费者更多的选择呢？"诺基亚总部看到这条信息后，针对这个项目开展研究，并决定将多色系的手写笔纳入公司发展日程。

近年来，诺基亚正一步步回到消费者的视野中，其成功正在于诺基亚的每个员工都可以在公司内畅所欲言。诺基亚公司的副管理者玛丽·麦克道威尔专门负责公司发展战略的研发，她对此说道："我们不能插手促进员工们的创新，但我们可以成为员工与公司间的润滑剂，让他们更自由地发挥才能。"

恐惧是抑制员工畅所欲言的最大因素，员工都会担心自己的意见会触怒管理者，或是令其不满。大多数员工都相信"多说多错，不如藏拙"，而这藏起来的并不只是员工自身的"拙"，更是企业和管理者的"拙"。诺基亚努力给予员工安全感，让员工不必担心因言获罪，在网络上采用匿名表达是一条十分有效的途径。诺基亚公司营造了一个畅所欲言的工作氛围，并利用网络给员工提供了表达的路径，最大限度地调动了员工的工作积极性。每个员工都尽心尽力为公司效力，他们的才能都得到最大限度的发挥，这无疑是管理者最希望看到的情景。

网络技术在当今社会中已经得到广泛的应用，而对于企业管理而言，我们更加不能忽视其在沟通激励中的优越性。通过网络与员工进行沟通，可以避免多层级传递带来的信息缺失或失真，也可以使沟通更加及时和灵活。网络技术的优越性，使我们必须紧跟时代潮流，采取网络沟通法，提升沟通激励的效果。灵活运用各种网络社交，以满足管理者不同的沟通需求，以下罗列了几种可供参考：

第一，通过微博发布公告。一些公司层面的信息传递，可以通过官方微博发布公告。当然使用微博的前提是，鼓励每个员工成为官方微博的粉丝。

第二，使用电邮实时交流。电子邮件最大的特征就在于其及时性，随着科技的不断发展，我们不仅能通过电脑收发电子邮件，手机也成了电子邮件的收发平台。这就最大限度地保证了沟通的及时性，让管理者可以通过电子邮件与员工进行实时性的交流。

第三，通过社区开展讨论。网络社区是最佳的讨论平台，每当公司需要进行决策时，都可以在社区里发帖征集意见，员工可以通过社区与其他部门的员工开展交流。网络社区的另一大优势就在于，我们可以在网络社区中设置不同的板块，对不同的员工进行开放，这样信息交流就更具针对性。

采取多样化的沟通模式

员工通常会对企业或者管理者有很多意见，这些意见并不都是好的或是有效的。由于自身立场不同，员工的意见大多是以自身利益为出发点，不一定符合企业利益。但作为管理者，我们依然给予员工畅所欲言的机会。管理者通常会纠结于何种沟通模式更为有效，其实，对于沟通模式的选择，我们必须结合自己公司的实际情况来进行。IBM 就为自己的员工提供了多样化的沟通模式。

首先，直线沟通。直属上司与员工之间有着更强的了解，他们的沟通互动也更为方便可行。每年初，IBM 的员工都会与其直属上司进行一次详细的交流，根据员工过去的工作表现、工作能力，以及公司的发展策略等信息，员工在这次交流中要确定一个年度目标。在之后的一年中，员工的直属上司会定期与员工进行沟通，对其阶段性的表现进行评估，并引导员工改正缺点。

其次，越级沟通。IBM 为员工提供了多种越级沟通的渠道，这是为了弥补直线沟通中，可能由于直属上司疏忽导致员工不能与之进行有效的沟通。在 IBM，员工有权越级与管理者进行一对一的谈话；在关于人事变动的问题上，员工则可以直接与总经理进行面谈；IBM 的员工还需要定期填写《意见调查表》来表达自己的意见或建议，值得注意的是，《意见调查表》的填写是不记名的。

再次，其他模式。IBM 还积极采取内刊、公告栏、申诉等模式为员工提供沟通渠道。IBM还有一个独特的沟通模式，被称为"有话直说"，员工可以随时针对公司的制度、方案提交书面建议，相关部门则需要在十个工作日内做出答复，员工可以凭借有效的建议得到公司的奖励。

最后，"沟通十诚"。为了完善公司的沟通模式，IBM还出台了"沟通十诫"：沟通前说明立场；了解沟通的目的；营造沟通氛围；收集建议；注意语调；保证资料有效性；沟通后效果跟踪；发展性的眼光；言行一致；耐心倾听。IBM的管理者必须根据这"十诫"对自己的沟通效果进行评估，并做出改善。

根据IBM实行的沟通激励，可以看出：管理者必须根据企业具体情况，找出适合自己公司的沟通模式。在这里，向大家推荐几种有效的沟通模式：

第一，会议。会议是被企业广泛采用的一种沟通模式，其形式多样，包括董事会、管理者会议、部门会议、员工大会、项目会议、辩论会等。

第二，报告。报告是一种较为正式的沟通模式，其内容也更加详细、全面。报告一般以月度、季度、年度为期限，以期限内的工作状况为主要内容。需要注意的是，员工需要对上级进行报告，管理者同样需要对员工进行报告。

第三，调查。调查是公司主动开展的一种沟通模式，其特点是更具针对性。公司在需要对某个问题进行了解时，可以通过调查的形式取得与员工之间的沟通。

第四，培训。培训可以看作是一种单向性的沟通模式，公司在对员工的培训中，向员工传达其需要知道的信息，培训可以最大限度地保证这种传达的有效性。

第五，面谈。面谈的沟通作用最为明显，通过一对一、一对多或者是多对多的形式，员工与管理者之间的距离感可以得到有效削弱，信息的交互也更为直接。高互动性是面谈的最大特征。

第六，书面沟通。书面沟通则更为方便。管理者在需要传达信息时，可以通过公告、内刊、宣传栏等形式发布信息；员工如果想表达自己的意见或建议，则可以通过邮件、小纸条等方法。

第十章

情感激励

从点滴细节做起

人的需求不全是生理方面的，所以对员工的激励也不能仅仅停留在有形的物质上。人们在情感上、在精神上需要被爱，渴望被人肯定、被人接纳和有归属感。我们都见过这样的员工，为了得到老板或客户的几句夸奖，会投入令人难以置信的精力和时间做好一件事，也有人为了体验一个极具挑战的工作环境所能带来的满足感，甘于接受较低的工资和报偿，忍受相当艰苦的条件。这就是情感激励的效果。

情感激励是通过强化感情交流、协调管理者与员工的关系、激发员工积极性的一种激励方式。在工作中，管理者要把员工看作是企业的主人，切实把"尊重员工"的口号落到实处，真正尊重员工的选择、尊重员工的创造、尊重员工的劳动；要从内心信任员工，让员工真切地感受到自身存在的价值，获得努力工作的动力之源；要关注员工的工作和生活，深入基层与员工交流思想、沟通感情，支持和帮助员工做好日常工作，积极为他们营造"家"的氛围，增强员工的归属感和自豪感。因为，基于员工本能和发自内心的动力才是精神激励的基础。

在微软的十年间，唐骏管理成功的最大秘诀就是重视细节，重视员工感受，让员工真正被公司文化所感动。

在任职微软中国管理者期间，所有新员工都需要接受唐骏的面试，人事部门都对此表示不解，认为这是唐骏对自己的不信任。但随着交流的加深，大家才逐渐明白，唐骏此举是为了让每个员工从一开始就感受到公司对自己的重视，因为几乎没有哪个大公司的管理者会对所有员工逐一进行面试，只有唐骏这样做了，让微软的员工真切地感受到了微软"以人为本"的员工管理模式。

唐骏重视员工的感受还体现在细节上。有一次，他在公司电梯间遇到了工程师大卫与他的女朋友，大卫自然是认识自己的顶头上司的，微笑地打了招呼后便准备擦肩而过。令他没想到的是，唐骏竟然停下来，主动对他说道，"大卫，你手头上关于工行的项目没什么问题吧？"第二天，唐骏的邮箱里多了一份大卫发来的邮件，大卫对唐骏表示了真挚的感谢，因为管理者竟然知道自己的名字和所做的项目，这让大卫在女朋友面前长脸不少，并表示今后一定会努力工作，以回报唐骏的重视。

唐骏就是这样一个注重细节的管理者，微软中国1000多名员工的姓名他都知道。他见到每个人都会与其打招呼。员工工作时，唐骏会安排公司的阿姨们帮他们交水电费、迎接来访亲友；每个节日，唐骏都会为每个员工及其亲友送上礼物；公司设施出现问题时，唐骏也会及时安排人员解决……正是这些细枝末节的小事，让每个员工都感受到了公司对自己的重视。

管理者与员工之间存在着天然的距离感，很多管理者对此很享受，时常摆架子以获得员工的敬畏。事实上，员工对于高姿态的管理者通常都是有畏无敬。唐骏是一个十分平易近人的管理者，他主动和员工交流，态度诚恳而和善，自然会受到员工的敬爱。他主动了解并帮助员工解决困难，重视员工的感受。人与人之间的关系是相互的，作为回报，员工自然会保护管理者的利益。微软中国就这样成了微软旗下员工满意度极高的分公司，唐骏也两次获得了"比尔·盖茨管理者杰出奖"，这在微软发展史上是绝无仅有的。

米拉克朗公司是美国的一家制造公司，在短短几年内，它就击败了原先处于绝对优势的日本竞争对手，其成功秘诀就是55岁的集团副总裁、负责塑料机械部门的哈罗德·法伊格和他不拘一格的激励措施。

每一个在法伊格手下工作的人，都会感受到法伊格独特的魅力。他总是能够带给员工最大的活力，为员工注入最大的兴奋。他能够叫出每个员工的名字，总是很和悦地对待每一个人。每个员工都不会因为和他在一起感觉到压力，相反，每个员工都会从他的身上感受到无穷的工作动力。

法伊格还善于从每个小动作当中，让员工感受到他的关怀。比如，他会在员工满手抱着东西的时候，主动上前去帮助他们；他甚至会帮助员工按电梯。这一些细微的动作让法伊格赢得了员工的认可和敬爱。大家都认为，法伊格是一个善良、随和的管理者。也是因为如此，法伊格才带领了米拉克朗走向了成功。

就在美国的21家公司在日本企业的竞争之下难以为继的时候，法伊格率领米拉克朗公司登上了美国塑料机械市场龙头老大的位置。

在劳资关系中，员工通常属于弱势的一方。如果管理者平时忽视员工的感受，凡事都以命令的方式管理员工，员工与管理者、企业间的隔阂必然越发加深。而法伊格不同，他从点滴小事入手，非常在意自己的行为给员工的感受，时刻让员工感觉到自己是被重视、被尊重、被关爱的。这种情感上的激励效果是不可估量的。可以说，如果没有法伊格和他那别具一格的激励策略，米拉克朗公司也不会有今天这么大的成就。

当管理者过分忽视员工的感受时，员工与企业之间就会存在情感上的缺失，薪酬待遇就成了员工工作的唯一目的，也成了维系员工和企业关系的唯一纽带。如果只是为了一份薪水的话，员工就不会因为懒惰或不负责任而内疚。而单纯依靠物质激励，也是不会长久的。只有自身感受得到重视，员工的忠诚度才会提高，才会主动积极地工作，发自内心地为企业着想。那么，管理者可以从哪些小细节入手对员工进行情感激励呢？

第一，倾听员工。管理者们要重视员工的感受，首先就要学会倾听。营造一个轻松的舆论氛围，让员工可以向管理者倾诉自己的感受，这时，管理者们要做的就是倾听。当员工的感受真正被了解后，管理者才能对症下药。

第二，分享幸福。员工作为一个社会人，他必然会经历生日、结婚、生育等的幸福，管理者要做的就是主动与员工分享幸福，给员工送上祝福、寄上一份小礼物……管理者要努力成为员工的朋友，而不只是领导。

不要吝啬你的赞美

赞美是合乎人性的领导法则。人人都渴望掌声与赞美，哪怕只是一句简单的赞语。在工作中，管理者该赞美的时候就不要吝啬。适当得体的赞美，会使人感到开心、快乐。下属会想："领导很清楚地赞美了我的表现。他是在真挚地关心我、尊重我，并且很熟悉我的工作。"当下属感到自己的表现越来越受到肯定和尊重时，他们会以感恩之心表现得越来越出色，越来越精彩。

在这方面，世界经济论坛创始人施瓦布的话很值得我们铭记在心："我最可贵的一项资产，就是我具备了引发属下热忱与冲劲的能力。而要想鼓舞一个人善尽其才，最重要的，就是要懂得给他们赞美和鼓励。天下最会使人颓丧不振、冲劲全失的，就是来自上级主管的批评、责骂，我从来不曾批评过任何人，我相信只有赞美和鼓舞，才能刺激他们向上，使他们努力工作，如果碰上我由衷喜欢的事，我会更不吝惜夸赞和褒奖。"施瓦布就是用这样一套激励之术，成就了他的事业。而有些领导人在工作中碰到不顺心的事，就把下属批评得一塌糊涂；碰到认可的事，又一言不发，吝于赞美。这对下属的成长和团队的发展绝无好处。

有这样一个实例：一个业务员出色地完成任务，兴高采烈地对主管说："我有一个好消息，我跟了两个月的那个客户今天终于同意签约了，而且订单金额会比我们预期的多 20%，这将是我们这个季度价值最大的订单。"

但是主管反应却很冷淡："是吗？好像你昨天还说过有一个客户，项目计划书送过去了吗？"

业务员说："还没有。"

此时主管严厉训斥道："快做，然后拿来给我看看，千万别耽误了。"

员工垂头丧气地回答："好的。"然后他垂头丧气地离开了。

通过上面的例子可以看出，员工寻求主管表扬时，不仅没有得到任何表扬，反而因为另外一件事被主观、武断地严加训斥。结果员工的积极情绪受到了很大的挫伤。

玛丽·凯公司的老板玛丽·凯就是深深懂得赞美力量的人。"人们嘴上要你批评他，其实心里只要赞美。"玛丽·凯认为，人的天性就是喜欢被人赞美，而不喜欢被人批评。所以，她在自己的公司中倡导了一种重要的管理原则——赞美。为了赞美，从玛丽·凯这位最高领导到最下层的主管，都努力发现每一个员工的优点，不放过任何一个给予赞美的机会。

有这样一个小例子：业务督导海伦新招进一位美容顾问，这位顾问讲了三个晚上的美容课，却没有卖出1美元的化妆品。在第四次课，她卖出了35美元的产品。尽管这35美元和其他顾问一次卖出的一两百元相比，算不得什么，但海伦却大加赞赏："你的美容课卖出了35美元，实在太棒了！你很有前途的。"这让美容顾问很受鼓舞，从此与美容业结下了不解之缘，也一直坚持做了下去，后来升为了业务督导。

玛丽·凯认为，赞美具有树立个人自信心的神奇力量，一个人如果每一个小成就都受到赞美，就会有信心去尝试争取更大的成就。在玛丽·凯的公司里面，数以千计的业务督导，都是在不断的赞美声中走向成功的。缘于此，玛丽·凯化妆品公司的网络不断扩展。

为了赞美，玛丽·凯甚至出版了一本专门的月刊——《喝彩》杂志。《喝彩》杂志主要是对销售、招募新人、团队领导方面有杰出表现的前100名员工给予赞美。几十万名职工无不努力跻身其中，因而在工作上你追我赶，公司业绩也蒸蒸日上。"赞美是一种有效而又不可思议的力量，很不幸，许多管理人员不愿意加以利用。"玛丽·凯肯定而又遗憾地说。

其实，对一个人来说，没有什么比领导的赞赏更让他激动了。当一个人取得成绩时，他渴望得到别人的，尤其是上司的承认。这时，管理者一句及时的鼓励话，会让他感到无比快乐。因为，自己的劳动终于得到了回报，再辛苦也值得。所以，当有下属告诉你他工作中所取得的成绩时，即便那是些微不足道的成绩，你也要赞美他："你真是好样的，我为你感到高兴！"

赞美能够让员工更加自信、更加热爱工作，能够鼓励员工提高工作的效率。作为管理者，对于这种不需要成本激励而效果明显的武器，为什么不经常使用呢？多赞美，少批评是原则，但就方法论上还是大有讲究的，赞美方式不恰当就成了变相批评，甚至有时候比批评还难受。赞美也是有诀窍的，以下的方法，可以帮助管理者增进赞美的力量。

第一，赞美要具体。每个人都有出色的表现，但在哪一方面出色却各有不同。有的人是专业技术水平高，工作成绩突出，有的人则在社交方面有特长。针对不同的情况，应给予不同的赞美。

第二，赞美要真诚，虚情假意的赞美不如不赞美；赞美时配合你关爱的眼神和真诚的微笑。赞美员工的时候，眼睛不要看其他地方或者手里还在写东西，这种赞美就像木偶戏，或者会让对方觉得你好像在履行公事。

第三，当众赞美。人们总是希望好事被流传，而坏事被隐藏起来。管理者应尽可能在其他员工面前赞扬员工，让他觉得受到肯定。对其他同事来说，也会以他为榜样。同时，下属会因获得赞扬而更加卖力工作。

第四，及时赞美，一发现员工的优点，就立即赞美他，为他打气，过时的赞美无效！

第五，关键时候更需赞美。在下属处境不妙的时候，赞美更有力量，更能激发人心。

给员工以荣誉激励

随着员工权益被社会越发重视，员工往往能够得到应得的物质回报，并在一定的发展空间内行使企业赋予的权力。然而仅凭涨薪和晋升，员工的成就感与满足感仍然无法得到满足。每个人都渴望实现自我价值，管理者通常希望员工在工作中，"牺牲小我，完成大我"。殊不知，员工自我价值的实现与企业利益并不冲突。给员工更广的平台实现自我价值，员工自我实现的需求不断满足，才会为企业的发展发挥自己的最大动能。

大部分员工都希望自己在做出突出贡献后，可以得到管理者的正式表彰。绩效管理顾问贾尼斯·艾伦就发现，如果员工的贡献得到公司的正式认可，赞扬的作用就越明显。通过正式表彰，赋予员工一些荣誉、头衔或称号。而这些头衔、称号带来的激励效果，远大于人们的想象。对管理者而言，这简直是激励管理中的"免费午餐"。

亚利桑那州的菲尼克斯公司就会在每个月月底举办一次员工会议，会议的主要内容当然是对本月工作的总结和下月任务的发布，但员工最重视的却是，在会议上，管理者会对有突出贡献的员工进行公开表彰，甚至会邀请其主要客户到公司对员工进行表扬。

乔·安妮还在其公司的电梯口设置了一面荣誉墙。在这面墙的左边，员工大会上得到表彰的员工信息会被张贴，并详细描述其所做的突出贡献；而在右边，则是员工自由发挥的地方，员工可以在这半边贴上自己对其他员工的赞赏，或者展示自己所做出的成果。实际上，员工大会上的表彰很多是源于荣誉墙右边的内容。

在圣亚哥房地产委员会中，所有与会者都需要在卡片上写出其他与会者所做的贡献，经过整理，每个与会者都会得到关于自己的部分，之后，他们就要大声念出这些卡片上写的内容。

如果员工做出突出贡献后，得到的只是私下里的表扬，员工当然会感到欣喜。但他们更期望大家都能知道自己取得了成绩。因此，公开表彰、授予一定的荣誉就是个很好的方法，菲尼克斯对员工进行正式表彰，满足员工的荣誉感和成就感，员工自然干劲儿更足。同样是表扬，私下的表扬是鼓励，公开了的才能叫作荣誉。公开承认一个员工或一个团队所做的成就，不仅能让其荣誉感得到增强，还能营造公司内部相互学习的氛围。

从2003年底开始，宁波宝新不锈钢有限公司为了帮助员工实现自我价值，就采取了以主创员工的姓名来给新的操作技术命名的方法。2004年3月15日，宝新正式推出了"肖文茂点检标记法"，这一标记法的名称正是源于其主创肖文茂的姓名，也正是这一标记法大大提升了不锈钢的检验效率。随后的短短一年间，又有超过10项新的操作技术被员工发明，16名员工的姓名就这样随着其技术方法在行业内流传。

无独有偶，柳州钢铁公司也采取了员工姓名命名法，许兴武在其浇钢岗位上，以连续浇钢5700余炉且无一报废的成绩，打破了行业内的纪录，而其浇钢方法也被命名为"许兴武板培连铸拉钢操作法"。杭钢的操作手册上有5项以员工姓名命名的操作法。宝钢53项员工姓名命名的操作法中更是有5项入选"上海市大先进操作法"。

以员工姓名命名操作法，对管理者而言几乎不存在操作成本，但对员工而言，却是再有效不过的激励法。每个员工都希望在工作中开拓创新，以更具效率的工作方法赢得企业的认同，从而实现自我价值。面对记者的提问，肖文茂就说过："这次被命名，我有一种很强的成就感。"正是这种成就感激励着员工以更饱满的热情投入工作，他们愿意为企业做出更大的贡献，以实现自己更大的价值。在员工的职业生涯中，获得多少工资、处于哪个职位并不是其关注的终极目标，自我价值的实现才是员工最深层次的情感需求。通过授予荣誉，满足员工自我价值实现的情感需求，需要注意以下几点：

第一，崇尚个性。大多数管理者在招聘员工时，通常会先考虑企业缺什么岗位的人才、该岗位的人才需要怎样的技能、企业的员工需要怎样的素质等，如果员工不能满足这些要求，就会直接被"淘汰"掉。然而随着中国教育的不断发展，企业员工往往都接受过高等教育，但实践能力却差别甚大。因此，我们更应该营造出一个崇尚个性的工作氛围，让每个员工可以充分发挥自己的特性，从而为其安排合适的岗位。要帮助员工实现自我价值，管理者首先要明确员工的价值所在。

第二，重视培养。员工不会带着完美的才能来到企业，管理者必须对其进行不断的培训、纠错，帮助其成长。当然，我们首先要了解到，哪些员工是值得信任的。而管理者一旦决定信任该员工，就需要尽可能地培养员工的专业技能或交际能力。培养的过程是相当漫长的，然而这种投入不是无效的。相反，通过帮助员工增强自我实现的能力，员工会为企业做出更大的贡献。

第三，灵活表彰。员工大会上的口头表扬固然是最有效的公开表扬方式，但是员工大会不是经常举行，这就错过了公开表扬的最佳时机。因此，管理者可以利用部门会议、荣誉墙、公告等形式及时进行表扬，授予优秀员工一定的荣誉称号，公开表彰员工的突出贡献。

提供生活上的帮助

随着社会经济的不断发展，员工的生活压力不断增大，工作压力也随之增大。员工要安心地工作，需要一个安稳的工作环境。这里说的工作环境，不只是指员工在公司的工作环境，还包括家庭环境、生活环境等在内的环境。为员工提供生活上的帮助，可以为他们营造一个更安稳的工作环境，让他们可以完全没有后顾之忧，全身心地投入工作。

日本的公司一直都积极为员工提供各种帮助，有工作上的，也有生活上的。而对于员工工作以外的帮助，除了体现在衣食住行上，日本的公司甚至会帮员工寻找合适的配偶，很多管理者都兼着媒人的工作。

现在的年轻员工都不急着结婚，可到了要结婚的时候，他们又苦于找不到合适的结婚对象。一般日本的年轻人到了 30 岁就开始相亲了，与中国不同，日本男女在相亲时，会带着媒人，这些媒人中很多都是一方的老总。

事实上，为了帮助员工寻找合适的结婚对象，有的管理者甚至会开展面试，对员工的约会对象进行审核。由于管理者对员工都十分了解，日本以这种方式进行相亲的员工大多都成功了。管理者对员工关心到这种地步，员工自然会十分感激。

日本管理者连员工的相亲都要操心，那就更不要说其他生活上的事了。这也是日本能够出现那么多企业家的原因之一。

为了让员工能全身心地投入到工作中来，管理者可以尽量给员工一些生活上的帮助，为员工解决后顾之忧。日本员工常因为婚姻问题而打乱工作节奏，当管理者帮他们解决了婚姻问题后，他们自然就会踏实工作了。

高科技公司的员工福利向来令人美慕，在北美的高科技公司里，这种生活上的福利更加好得令人美慕。加拿大北方电讯公司通过与一家按摩公司的合作，为员工提供每周一次的按摩服务，当然，这是免费的；BCT 电讯公司甚至在办公大楼里建了个健身中心，这个健身中心只为员工提供服务，这也是免费的；加拿大 SAS 公司还会为员工提供牙医保险，并可以为员工与牙医进行预约，不仅这是免费的，公司每年还会给员工 500 加元的保健费用。

主动为员工提供生活上的帮助，会让员工产生感激之情，感激管理者全方位的关心和支持，从而更加积极地工作。北美的高科技公司为员工提供了丰富的保健项目，帮助员工在工作之余增强体质。员工作为社会人，每天八个小时在工作，十六个小时在生活。当管理者将对员工的关心扩展到工作之外的十六个小时中去，激励的效果自然会成倍增长。

管理者要想员工安心地留在自己公司，并全身心投入工作，除了提供工作上的帮助之外，还要为其提供生活上的帮助。而要能做到及时关心，有针对性地关心，就要从三个方面做起：

第一，了解员工的生活情况。要在生活上给予员工帮助，首先要了解员工的生活情况。这就要求管理者积极地与员工进行交流，了解哪些员工平时生活比较困难，哪些员工最近遇到了烦心事。了解了情况之后，才能有针对性地为其提供帮助。

第二，真诚及时地关心。当员工遇到生活中的困难时，管理者首先要表示真诚的关心：员工生病住院时，管理者应主动前往探望；员工在生活中遇到挫折时，管理者应开导员工积极面对……一旦我们得知员工需要帮助了，就应及时表达关心，看看自己可以做些什么。

第三，量力而行的帮助。在为员工提供生活上的帮助时，应量力而行。对于遇到特别大困难的员工，我们无法凭借一己之力进行解决时，可以号召其他员工一起帮忙。而对于着急要处理的问题，应将其放在第一位，即使自己没有办法帮助，也要给员工自己解决的时间。

多关心员工家属

当我们关注员工各种个人需求时，经常会忽视员工家属的需求。从某个角度来说，员工家属与管理者几乎是一种对立关系，家人希望员工可以多陪陪自己，管理者则希望员工将更多的时间投入到工作中，员工夹在其中，也是两头为难。

换个角度思考，也正因为家人对员工非常重要，所以管理者可以迂回地激励员工。"老吾老以及人之老，幼吾幼以及人之幼"，这是孟子对理想社会的追求。当我们把员工作为社会人看待时，公司就成了社会的一个缩影。管理者不妨多关心员工家属，通过公司与家属的良好互动，以更体贴的方式激励员工，增强员工的工作积极性。

杜邦是一家生产化工原料的制造商，其员工流动率一直很低，公司总部很多老员工已经在杜邦工作了三十年之久。杜邦到底是怎么做到的呢？

1995 年的时候，杜邦刚在中国广州建立了分公司，准备开拓中国市场。适逢那年的冬天特别冷，杜邦生产出了一种无纺布，既薄又保暖。杜邦的客户都购进了这种布准备制成手套，杜邦在一个客户那里看到样品，确实是很实用，也大方美观。于是，杜邦首先订购了几百双手套，给每个员工的父母寄上了一双。随着手套寄到的，还有一封杜邦亲笔写的感谢信，表示对其培养出如此优秀的子女的感谢。

员工开始并不知道这件事，可到家之后，就听到父母对公司赞不绝口，要子女好好工作，不要辜负了公司的信任。员工们询问之后，才知道公司竟然这么关心自己的父母，还对自己的父母这么赞扬自己，也很是开心。

杜邦并没有用什么独特的激励机制，但正是关心员工家属的小细节，对员工产生了极强的激励作用。每个员工在外工作，都会承担着相当大的家庭压力。员工对公司的薪酬、职位、作息时间都能接受，但架不住家人的唠叨，这反而引发了员工对公司的不满。杜邦给员工父母寄手套的做法，讨好了员工家属，很好地缓解了这种压力。最重要的是，管理者对员工家属表示关心，会让员工更加忠诚于公司。因为员工的工作动机就在于满足家庭的需要，每个人都爱自己的家人，公司如此体贴地关心自己的家人，肯定会让员工感觉非常贴心和温暖。作为回报，他们会更努力地工作，此时的努力付出已经不仅仅是为了薪水和晋升。这也是杜邦员工流动率超低的原因。

1980 年的 1 月，一位护士正在病房门口做着看护。这时，一位老人走进来要求看望病人。出于医院的规定，非探望时间不接受病人亲友探访。虽然这位一头白发的老人冒着寒风而来，护士仍然不做让步。

这名护士不知道，这位老人并不是病人的亲友，而是病人丈夫的老板——通用电气管理者斯通先生。斯通在得知员工哈桑的妻子正在住院治疗时，特意抽空前来探访，没想到却遭到了阻挠。虽然探访的目的没有达到，却产生了极强的情感激励作用。

自从那次以后，哈桑的工作更加积极了，遇到公司加班也毫无怨言，当哈桑成为加州销售部主管时，加州分公司就成了通用最具有盈利能力的部门。

对于管理者而言，情感激励并不是什么难事，只要将员工看作家人，让员工感受到自己的真诚就好。与物质激励相比，情感激励的效果更加强烈，也更为持久。哈桑努力为通用付出，并不是因为通用的薪酬激励，也不是因为晋升机制，而是因为斯通将每个员工都看作自己的家人。一般而言，员工在工作中只会发挥自己两三成的工作能力，而当受到情感激励之后，员工会更积极地工作，而以八九成的潜能投入工作。这也就解释了，为什么哈桑能够从一个普通的销售员成为一个成功的销售主管。

所以，管理者关心员工的同时，不妨对员工家属多一点儿问候和关心，以加强情感激励的作用。要表示对员工家属的关心，有这样几个方法可以借鉴下。

第一，办员工家属活动。当公司组织员工活动时，不妨邀请员工家属一起参加，毕竟在旅游、派对这种活动中，人越多，越热闹，活动效果越好。有时可以给员工自己组织活动的自由，比如对工作表现好的员工，可以奖励一次全家旅游的机会或者两张演唱会门票。

第二，给员工家属奖励。公司召开年度员工大会时，可以为员工家属设置一些奖励，比如"夫妻和谐奖""家庭和睦奖"，并为其设计一些特别的纪念品。同时，可以给员工家属一些分红或其他物质奖励。

第三，送员工家属礼物。当员工家属获奖或者过生日时，管理者可以代表公司为其寄上一份礼物；遇到节假日时，也可以送上一点小礼品；在冬季送上一些保暖用品，夏天送上一些防暑工具；员工生子的时候，送一些孩子的日用品等。

定期组织活动

经过长时间的工作，员工难免会对工作感到厌倦，工作效率也随之下降。公司不妨组织一些文娱活动，舒缓一下紧绷的神经，释放一下工作的压力。定期举办一些活动，让员工能更多地在一起交流，在相互了解中增进彼此的友谊。更重要的是，在活动中大家可能会一起玩游戏或者比赛，为了完成一个目标，小组成员齐心协力，这些都为未来工作中的团队合作奠定了基础，管理者也能借这个机会融入员工中，让自己获得更高的支持度。

台塑集团每年都会举办一次春季运动会，每次公司几乎都要投入将近90万元在这个运动会上。没有公司会做亏本的生意，这90万元的投入当然是为了更好的回报。体育活动本身就具有广泛的员工支持度，其对运动员的团结、合作、竞争、友谊的要求也正符合公司对员工的要求。台塑为此投入了90万元，当然不仅仅是为了举办一场简单的运动会。事实上，台塑集团创始人王永庆的"野心"是很大的。

台塑运动会一般都在青年节前后举办，青年节本身就是年轻人的节日，而伴随着社会上各种青年节活动的举办，台塑运动会不仅能让员工过个好节，也能够鼓励员工在工作中更具活力和朝气。

台塑运动会还有一个吉祥物。吉祥物是一种叫作"帝雉"的鸟类。公司根据其展翅高飞的姿态，设计出了一个形似火炬的吉祥物。员工在运动会中看到它，就会产生一种昂扬向上的进取精神。

此外，台塑运动会还有一个特别的项目——5000米赛跑项目，其特别之处当然不在于5000米很长。而是因为，这个项目并不是只有台塑的员工才能参加，相反，台塑会邀请竞争对手派出代表参赛，台塑的管理者也都会参赛。这样的赛跑项目，自然会让台塑的员工都团结在一起，努力取胜，而这种情绪也会被带到之后的工作中去。

经过一季度的辛苦工作，台塑会举办一次运动会，一方面有利于为员工减压，从而让接下来的工作更具效率；另一方面，台塑以运动会的形式将员工团结在一起，员工要取得比赛的胜利，就需要相互合作，而在与竞争对手的比赛中，台塑员工更会一致对外，这就带来了更强的凝聚力。

由此可见，要将员工凝聚在一起，让员工从情感上认同公司，才能团结全公司的力量去实现发展。而要凝聚人心，定期举办一些活动是很必要的。而活动的举办并不会耗费公司过多的费用，事实上一些小型活动的举办成本微乎其微。但是，很多管理者举办了活动，员工却不乐于参加，这就需要管理者掌握一些定期举办活动的小技巧。

第一，注意活动的举办时间。很多管理者会把活动安排在法定节假日，利用"小长假"带着员工出去旅游。这种做法其实是对员工情感需求的忽视，一般到了节假日，员工都会有自己的活动安排。在这时举办活动，就会面临没人参加的尴尬。其实，可以设置一个特别的日子作为公司的节日，在工作时间参加活动，这对员工而言吸引力更强。

第二，注意活动的时间间隔。每个公司在运营中都会有旺季与淡季之分，为了不影响公司运营，管理者更愿意将活动集中安排在淡季，而在旺季则没有活动。然而，无论是淡季还是旺季，员工都有缓解工作压力的需求。我们不能指望员工将对活动的期待都放在淡季，从而在旺季专心工作。相反，在旺季通常因为有高强度的工作，员工对于活动的需求更胜。因此，要注意活动时间间隔，不能将旺季独立开来。

第三，注意活动的组织形式。员工活动的形式有很多，比如运动会、旅游、聚餐、唱歌。而在运动会、旅游这种活动中，员工虽然参与热情更高，也会很疲惫；聚餐、唱歌则是相对休闲的活动方式，但员工的参与积极性较低。所以在组织活动时，要注意形式上的动静结合，满足员工的不同情感需求。

第十一章
个体激励

不同类型员工巧激励

好的管理者都知道，只有员工的工作热情和潜能充分发挥出来了，企业才能以最少的时间、最低的成本和最高的效率博取最佳的企业效益。

有些管理者习惯于把自己与员工放在对立的位置上，把每一个员工当成假想敌，一直强调的是管理，希望员工绝对服从。事实上，改变一个人需要花太多的时间与精力，甚至可以说是一件很难实现的事情。但是，激励一个人有时也许只需要一句话。并不是每个员工都是与主管抬杠的人，每个人都想拥有好业绩，每个人都有自我激励的本能，他们都希望自己的能力得到施展，个人价值得到实现，都希望自己的工作是有意义的。所以高明的管理者应该根据员工的个体特点，找到能够真正激活员工的关键因素，以实现管理激励的目的。

在现实中，企业员工类型可以分为指挥型、智力型和工兵型。针对不同类型的员工，管理者应该采取不同的激励方法，这样才能取得最好的激励效果。

第一，针对指挥型员工的激励技巧

指挥型的员工喜欢命令别人去做事情，面对这一类型的员工，领导者在选取激励方式的时候应该注意以下几点：

（1）支持他们的目标，赞扬他们的效率。

（2）领导者要在能力上胜过他们，使他们服气。

（3）帮助他们通融人际关系。

（4）引导他们在工作中弥补自己的不足，但不要指责他们。

（5）避免让效率低和优柔寡断的人与他们合作。

（6）容忍他们不请自来的帮忙。

（7）巧妙地安排他们的工作，让他们觉得是自己安排了自己的工作。

（8）别试图告诉他们怎么做。

（9）当他们抱怨别人不能干的时候，问他们的想法。

第二，针对智力型员工的激励技巧

智力型的员工擅长思考，分析能力一般很强，凡事有自己的想法。这类员工喜欢事实，喜欢用数字说话。领导者在激励这种类型的员工时，应该注意到：

（1）肯定他们的思考能力，对他们的分析表示兴趣。

（2）提醒他们完成工作目标，别过高追求完美。

（3）避免直接批评他们，而是给他们一个思路，让他们认为是自己发现了错误。

（4）不要用突袭的方法打扰他们，他们不喜欢惊奇。

（5）多表达诚意比运用沟通技巧更重要，他们能够立即分析出别人诚意的水平。

（6）必须懂得和他们一样多的事实和数据。

（7）别指望说服他们，除非他们的想法与你一样。

（8）赞美他们的发现，因为这是他们努力思考得到的结论，并不希望别人泼冷水。

第三，针对工兵型员工的激励技巧

工兵型的员工主要特征是喜欢埋头苦干。这类员工做事谨慎细致，处理程序性的工作表现得尤为出色。对于这样的员工，领导者要采用的激励技巧有以下几点：

（1）支持他们的工作，因为他们谨慎小心，一定不会出大错。

（2）给他们相当的报酬，奖励他们的勤勉，保持管理的规范性。

（3）多给他们出主意、想办法。

不同性格员工的激励策略

作为员工行为优化的催化剂和企业活力的兴奋剂，激励是一种领导的艺术。激励的方式是多种多样的，员工的性格也是千姿百态的，那么针对不同性格的员工使用不同的激励方法也是非常有必要的。

企业员工的性格千姿百态，尤以"野马"与"黄牛"的性格差异最大。面对这两类迥然不同的典型员工，管理者需要有针对性地采取不同的激励手段。

野马型员工与黄牛型员工的性格差异

作为企业的管理者，面对不同性格的员工，应该首先明确"金无足赤，人无完人"的道理，任何性格的员工都有其长处和短处。另外，随着外界条件的变化，人的短处也是可以变为长处的。

可以说，企业中存在的"野马"与"黄牛"是两种性格迥异的典型员工。"野马"描述的是这样一种员工：才华横溢、能力超群却有着这样或那样的毛病，对人处事有着一种桀骜不驯的态度，他们在其他员工中不受欢迎，并与团队成员界限分明……而黄牛型员工却恰恰相反：他们工作循规蹈矩、事必躬亲、其执行力不容置疑，并且能与周围同事和睦相处，但办事效率和工作激情是他们的最大问题。

具体来说，可以针对二者不同的性格，分析他们在工作中存在的优势与劣势，以此帮助管理者在实施非物质激励手段时能够对症下药。

野马型员工的激励法：

第一，竞争激励法——优胜劣汰，适者生存。对于才华横溢的野马型员工，与其训练他们的工作技能，不如充分发掘其内在的潜力，而竞争带来的压力恰好能帮助这些员工开发潜力。"野马"总有一种不服输的精神，他们喜欢优胜劣汰的竞赛，不仅想要赢，还要赢得漂亮，这样的成功才能满足他们的成就感。心理学实验表明，竞争可以增加一个人50%或更多的创造力。所以，利用竞争机制，让每个人都有竞争意识，企业的活力就会永不衰竭了。

第二，工作激励法——目标明确，充满挑战。"野马"是喜欢挑战的一群人，他们强调自我成就感，聪明却不喜欢按常理出牌。把工作中的一些难题交给他们处理，不失为一个两全其美的聪明方法。在挑战面前，桀骜不驯的"野马"似乎有无穷的斗志和动力，那么就应该为他们设定一些"跳起来才能达到"的目标，这样会让他们更专注于工作。

第三，职业生涯激励法——梦想人生，步步高升。职业生涯规划可以说是激励员工的一剂良方。帮助企业中的"野马"科学合理地规划未来的发展方向，设计出符合他们独特个性和兴趣的职业成长通道，他们会清楚地看到自己的成长空间，必定会欢欣鼓舞、士气高涨。只要伯乐肯花心思为他们绘制一幅蓝图，"野马"就会成为奋发前进的"千里马"。

第四，授权激励法——用人不疑，合理放权。"野马"的创造力不可小视，要激发他们的潜能，最重要的就是给予其充分的工作自主权。也就是说，对这一类型的员工要充分授权、充分信任、放手使用，为他们提供施展才华的舞台和机会，积极采纳他们的意见，这样的激励手法会使他们感觉到管理者是真正爱惜和重用自己，从而心甘情愿发挥最大的潜能，以努力和忠诚来回报这种信任，正可谓"士为知己者死"。

黄牛型员工的激励法

第一，荣誉激励法——赞美褒扬，真心喝彩。对于黄牛型员工，虽不可轻率地为其加官晋爵，但适时对其加以赞美，或授予一些荣誉称号会起到很好的激励作用。这种类型的员工虽然表面低调，但内心渴望被人重视。如果能准确把握他们内心深处的这种渴望，通过组织对个人或群体的评价，给予他们一些荣誉称号、颁发奖状，来满足其内心的需求，也可以帮助他们在工作中建立自信，表现更加突出。

第二，情感激励法——动之以情，催人奋进。默默无闻的"黄牛"员工大多是性格比较内向的人，管理者应该把握他们这种情感导向，引导他们参与沟通，尊重他们、关怀他们，并通过一些具体事例来感化他们，让"黄牛"员工体会到上级的关爱和企业的温暖。明智的管理者应该能够呵护、慰藉他们的心灵、动之以情，那么"黄牛"就会成为忠诚的士兵，跟随上级冲锋陷阵，因为受情感导向的他们对那些关心自己生存与幸福的管理者会给予最积极的响应。

第三，危机激励法——逆境受挫，愈战愈勇。当企业面临困难的时候，为黄牛型员工制造适当的危机感，鼓励其找到危机的突破口，有助于帮助这群员工爆发出巨大的潜在能量，从而激发他们突破常规的勇气。尽管危机激励法的适用有其特殊性，但它通过鼓励员工士气来达到脱离困境的方法是值得借鉴的。面对逆境，愈挫愈勇，"黄牛"一旦有了危机意识，就会积极改变现状，以一种更激进的态度面对工作中的挑战。

第四，"鲇鱼"激励法——择贤任能，带动全盘。鲇鱼效应是企业领导层激发员工活力的有效措施之一。企业通过不断补充新鲜血液，把那些富有朝气、思维敏捷、积极进取的人才引入员工队伍，给那些故步自封、因循守旧的"黄牛"带来竞争压力，唤起他们的生存意识和竞争求胜之心，从而改变整个组织内惯有的惰性。所以，企业的管理者应适当地引进鲇鱼式的人物来打破平静、沉闷的气氛，形成一种组织内部的竞争向上的气氛，为组织发展增添活力。

第五，榜样激励法——言传身教，树立标杆。榜样是员工工作的参照系，而管理者要善于发现和建立起科学的参照系，使人们的行为导向符合组织目标。榜样的力量是无穷的。虽然"黄牛"在突破常规方面有一定缺陷，但他们的模仿能力不可小视。既然如此，就在他们视野范围内，为其树立一个可以效仿的榜样。在不断的模仿和学习过程中，潜移默化地引导他们主动改变自身不科学的工作方式，从而提高工作效率。

不同层级员工的有效激励

按能力和心态划分，所有类型企业的员工都可以分为四个级别，在采取激励措施时应因级别而异。

等级	标准	评价	激励对策
A级	高热情 高能力	企业理想的杰出人才	重用——给这些人才充分授权，赋予更多的责任
B级	低热情 高能力	这类人才一般对自己职位和前程没有明确目标	1. 挽救：不断鼓励、不断鞭策，一方面肯定其能力和信任，一方面给予具体目标和要求；特别要防止这些怀才不遇人才的牢骚和不满感染到企业，要与他们及时沟通。 2. 解雇辞退：对难以融入企业文化和管理模式的，趁早辞退
C级	高热情 低能力	较常见，尤其年轻人和新员工	充分利用员工热情，及时对他们进行系统、有效的培训；提出提高工作能力的具体要求和具体方法；调整员工到最适合的岗位或职务
D级	低热情 低能力	这类人对企业作用不大	1. 有限作用：不要对他们失去信心，但控制耗费的时间，仅开展小规模培训；首先激发其工作热情，改变其工作态度，再安排到合适岗位。2. 解雇辞退

对"95 后"员工的激励方略

"95 后"的一代，喜欢个性张扬，自信心暴涨，崇尚自由平等，表现出推陈出新、不拘一格的特点。面对复杂多变、不稳定的社会环境难以一如既往地固守职业道德操守，流动性强、跳槽率高，组织归属感不深刻。

对"95 后"的认识与管理关乎企业组织在技术水平的衔接从而避免断档，人力资源的年龄结构是否恰当合理、知人善任原则是否真正贯彻实施等问题。正确处理该问题，有利于构筑和谐的员工关系，营造良好的工作环境，提升企业的管理实力，从而实现公司的目标。

对"95 后"员工的激励，可从以下几方面着手：

第一，治之以法，制定健全的激励机制，规范矫正员工行为

"无规矩不成方圆"，在企业管理制度中要有明确的激励方案内容，让员工明白什么样的行为才能得到奖励，还要确切警示不当行为会受到的相应惩罚，只有做到奖惩严细，才能进一步做到公平公正，一视同仁。在行为结果上，当员工做对了，要使其得到尊重；即使做错了，也要尽量给其留面子。

第二，帮之以需，在心理上激励干预员工行为

受当前中国教育制度的影响，"95 后"员工接受教育的时间较长，所掌握的理论知识偏多，但在职业实践上是弱者。所以，对"95 后"员工进行有针对性的岗前培训、工作轮换等，以培训的形式对员工进行学习和发展的机

遇激励，实现工作丰富化，解决员工的职业困惑。

因为"95后"一代个性张扬、自主性强，所以在组织引入EAP（Employee Assistance Program）项目时应做远程协助，创设一种很自由的环境基础，如一味地使用强硬手段进行管理，效果会适得其反。"95后"员工崇尚上下级的平等，如在"95后"员工的个别志趣、娱乐话题（如英超、魔兽游戏、NBA，甚至IT电子信息）中渗透实施EAP会效果更佳。

在工作任务的实现过程中，提供员工工作所需要的信息资源、物质资源的调配授权支持，实行弹性工作制并转化为一种信任资源，从而达成工作目标实现，激发员工的工作成就感。

第三，予之以利

1. 薪酬激励。通过绩效管理，实施有竞争性的激励薪酬、引入长期激励。"重赏之下必有勇夫"，在经济利益的驱动下，满足新入职员工解脱经济困境的愿望，所以绩效管理的落实有助于通过一套有竞争性的薪酬制度实施，激励和留住优秀员工，激发员工的工作热情，改进存在的问题，进而提高工作主动性。在特殊的员工职位上，针对管理者、特殊技术者，引入长期激励机制，以员工持股计划、股票期权的形式拴住"95后"员工，激发员工的积极性，提升他们的组织归属感。

2. 荣誉激励。荣誉激励的出发点是马斯洛的需要层次理论中的尊重需要、自我实现需要，人人皆喜欢被认可与尊重。如《向新入职员工致欢迎辞》、在员工得到他人的表扬好评后，及时把消息传达给该员工。在领导的激励下、同事的赞赏性勉励下，员工会有一种心灵上的震撼、声誉上的收获，激发员工对工作目标追求的责任心。

3. 文化激励。倡导自由并加强企业内部员工之间所有人分享的完整体系，通过建立团队威客（witkey），向员工招揽点子与工作方案，这时"95后"必定成为最热情的群体。倡导员工参与，公司提供适当报酬，发挥"95后"员工的喜欢挑战、自信心强、富有创造性等特点，激励思想活跃的"95后"员工。

信任是人际关系的安全阀，是形成积极向上、团结协作的企业文化必备的因素。做到充分授权，形成团队型的项目小组，在工作中少管束、多支持、多指导，给予员工更多的自我管理自由，让授权激励形成权力分享的氛围，这样有助于培育平等的价值观念。而忠诚源于平等，只有让个性张扬的"95后"员工有良好的自我感觉，才能丰富激励内涵，提高员工工作绩效。

建设组织形象识别系统，提升企业的形象与美誉度，为员工创造一种"我为组织而感到光荣"的心理满足，激发其工作潜能和工作积极性。

尊重员工、关心员工，激发员工内在的积极原始冲动，最大限度地实现员工与企业的共同发展。同事之间可以在平时的交流中直呼其名，在三资企业中鼓励以英文名称呼，对于上级可称为"××姐""××哥"以消除员工的心理隔阂，使其得到同事和上级的尊重。试想在这种自由无拘无束的氛围中工作，人的心情是何其愉悦！

面对"95后"大军进入职场社会，企业在管理上只有学会改变，才不至于被社会所淘汰。就如达尔文所说过的："得以生存的不是最强大或最聪明的物种，而是最善应变的物种。"认清这种变化，充分调动"95后"员工的积极性，激励过程中的所有细节才会变得枝繁叶茂。所以要让"95后"明确知道其工作的希望所在，激励才能真正起效。

特定个体的激励措施

下面是对几个不同的员工的简单描述，请仔细阅读他们的情况并根据所学本书内容回答后面的问题：

1. 王春华是一个大制药公司的销售代表。他的工作包括走访医生以推销公司的成方药品。王春华现年 27 岁，已婚，有一个孩子。大学毕业，获企业管理学位，他在该公司已工作五年，年薪约 12 万元人民币。

2. 庄小蝶是某医院儿科护士长，现年 29 岁，已婚，有两个孩子，目前正在读硕士学位。她在医院名声很好，大家都认为她是一位很能干的护士。她的年薪约 7 万元人民币。

3. 李东是国内一家快餐食品专利制造商的营业部副主任。现年 51 岁，离异，现有一个孩子正在上大学。他已在这个公司工作九年，年薪约 30 万元人民币。他是该公司分享红利的高级管理人员之一。

4. 周越民是一家大联营超级市场的兼职（非全日）雇员，现年 26 岁，退役军人。入伍前和退役后都一直为这个公司服务。他是公司的重要雇员，每小时工资约 8 元人民币。周越民目前在当地一所大学学习，再有 12 个学时他即将完成商业管理学位的学习。

5. 苏灿是一家新航天工业公司的市场开发部副经理。今年 25 岁，未婚，聪明伶俐，热情而又精力充沛，是"新型妇女"的代表。年薪约11万元人民币，她即将完成硕士学位的学习。

6. 张伟是一家联营的廉价餐馆的副经理，25岁，未婚，读过三年大学。他每周工作六天，周薪1200元人民币。另外，他每年还从家里的一笔遗产中得到约2万元人民币的收入。

7. 徐莉是一个大学校长的行政助理，现年31岁，单身，曾受过一年秘书训练。她的职责包括：在学位要求方面为学生提供咨询服务，监督和保管学生档案。她的年收入约为5万元人民币。她已在这所大学工作十二年了，开始时为打字员。

8. 梅川是化学研究人员，在国内较大的化学公司中工作。四年前他从一个重点大学毕业后就来到这个公司工作。他现年26岁，年薪约为7万元人民币，两个月后即将结婚。

9. 从辉是一座办公大楼的监督员，负责监督一个由16人组成的夜间清扫队。他任监督员已有两年的时间了，在被提升到目前职位之前，他曾干过十一年清扫工作。从辉今年44岁，已婚，有两个孩子。他的年薪约为3万元人民币。他每周有三天要在本地一家医院任临时清扫工。

10. 夏斌博士是一所著名大学的历史学教授，曾在一个著名的专业刊物上发表过文章，还写过一本很受赏识的教科书。他是一位富有资历的教授，拿系里最高的工资，年薪约12万元人民币。今年40岁，已婚，有一个不满10岁的孩子。近四年来，他没有专业著作发表，他对教学的兴趣与热情也明显下降不少，而学生对他的赞誉也随之减少了。

假设你是他们的领导，请从下面的策略中选出你认为最能激励每个人提高工效的策略，并说出你的理由。

A. 个人鼓励计划。

B. 承认其成就。

C. 增加工资。

D. 以降级或解雇作为威胁。

E. 提高身份地位（如扩大办公室、给予头衔、办公室铺地毯、设秘书）。

F. 小组分红计划。

G. 丰富工作内容。

H. 附加津贴。

I. 更多地参与管理决策。

J. 更多的行动自由（就是说，更少的监督）。